# 跟高手学乒乓

——图解乒乓球进攻技术

王吉生 著

人民体育出版社

图书在版编目（CIP）数据

跟高手学乒乓：图解乒乓球进攻技术/王吉生著
.--北京：人民体育出版社，2016（2023.2重印）
ISBN 978-7-5009-4902-2

Ⅰ.①跟… Ⅱ.①王… Ⅲ.①乒乓球运动—运动技术—图解 Ⅳ.①G846.19-64

中国版本图书馆CIP数据核字(2015)第298741号

\*

人民体育出版社出版发行
三河兴达印务有限公司印刷
新 华 书 店 经 销

\*

787×1092 16开本 6.5印张 120千字
2016年2月第1版 2023年2月第4次印刷
印数：8,501—10,000册

\*

ISBN 978-7-5009-4902-2
定价：37.00元

社址：北京市东城区体育馆路8号（天坛公园东门）
电话：67151482（发行部） 邮编：100061
传真：67151483 邮购：67118491
网址：www.psphpress.com

（购买本社图书，如遇有缺损页可与邮购部联系）

# 目 录
## CONTENS

### 一、写在前面　　001

学习和掌握合理的击球动作是一个在提高乒乓球技术过程中绕不开的问题，只有获得了对"击球动作"本质的认识并掌握了那些行之有效的练习方法，才能够提高学习的效率。

### 003　二、解析乒乓球击球动作的三把钥匙

学和掌握乒乓球击球动作是一个不断追求合理用力行为的过程，而不是苛求"动作规范"的过程。

**007**　　　　　　　**三、相关技术概念解释**

不同的击球技术需要把握住最佳的来球时间阶段击球，以确保击球的准确性和战术效果。

**四、合理的握拍方法**　　　　**010**

握拍方法主要分为直握拍和横握拍两种。两类握拍法中，又由于打法特点不同而在具体握法与用力技巧上有所差别。

**016**　　　　　　**五、站位选择与准备姿势**

接发球准备位置的选择和保持合理的基本姿态是合理击球动作的基础。

**019**         **六、"出台球"进攻技术解析**

"出台球"进攻技术是所有进攻技术的基础，是学习其他进攻技术的出发点。

**七、"半出台球"进攻技术解析**     **044**

"半出台球"进攻技术在战略上的态势在于它是发起主动进攻的开始，多数进攻型选手进入他们真正意义上的比赛往往从这里开始。

**060**         **八、"台内球"进攻技术解析**

运用"台内球"技术必须做到既胆大又心细，既果断又精确，既稳定又敏捷，这些都是具有相当难度的要求。

## 075　九、"离台球"进攻技术解析

离台进攻技术是运动员综合能力的比拼，是实力之争，是张扬勇敢者气场的进攻技术。

## 十、发球技术解析　　084

发球是所有乒乓球技术中唯一自己掌握着安全主动权的技术，也是所有技术中的重中之重。

## 097　十一、后记与鸣谢

能够完成这部作品，首先应感谢朋友给我提出的建议，以及所有帮助我的人。

# 一、写在前面

那天我在帮助孩子解决了一个困扰他已久的技术问题之后，有位年轻的教练过来问我："您是怎么知道应该这样教孩子的？"他的意思是问我，对这些技术动作的深刻认识是从哪里来的？虽然我用"学习"两个字回答了他，但是他提出的问题仍然让我沉思良久。学习和掌握合理的击球动作是一个在提高乒乓球技术过程中绕不开的问题。无论是在"教"或是在"学"的领域，绝大多数人都不可能具有高水平运动员击球的直接体验，但是又要向高手看齐，那么学习的途径在哪里？

应该说，在当今的体育市场上，人们已经可以轻易地找到学球、练球的地方，如果肯花钱还可以聘请私人教练做一对一的指导；在相关乒乓球的媒体上，人们也可以经常看到图像清晰的照片，介绍优秀运动员的击球动作供读者学习；特别是随着移动互联网的发展，人们甚至可以随时随地从手机上下载各式各样的乒乓球教学视频，并且还能搜索到来自诸多"行家"们对乒乓球技术动作的各种描述。然而即便如此，许多人依然被击球技术动作的合理性问题所困扰。为什么人们在花费了大量时间、消耗了太多精力甚至钱财之后，收效却总不理想？

有人说，视频的图像太过流动，让人抓不住要点；也有人说，连拍的技术图片太过跳动，让人无法体会连贯的"动"感；还有人说，网上的"描述"太过肤浅，不仅语言、文字的表达与实际操作的差距太大，而且也充斥着大量的"误导"之词。等等此类或许都是原因，但是人们忘了关键的那句老话"师傅领进门，修行在个人"。由于缺少能够领你入门的"师傅"，面对纷繁杂乱的乒乓球技术，想要尽快悟得其中要领谈何容易。所谓"登堂入室"，既然未得其门，不能登堂，何谈入室练功？所以这也是即使是在物质条件发达的今天，人们也还总是被老问题困扰的根本原因。

其实所谓真正的"师傅"，首先应该是那些能客观反映"击球动作"本质的认识。只有获得了这些认识，才能不被五花八门的技术动作表象所迷惑；其次应该是那些行之有效的教、练方法，掌握这些方法，就可以提高掌握合理击球动作的学习效率。

现实的教练员中也不乏名师，他们可以做到对人们发生的动作错误"药到病除"，不过得遇名师还要看个人的"机缘"。所幸我们身处这个互联互通高速发展的时代，利用互联网解决"机缘"问题已经不是太难的事情了。

说到编写本书要实现的目的，是因为我相信已经找到了解决乒乓球技术动作合理性的开门钥匙，虽然这是我经过从教50年的寻寻觅觅，但是相信本书能使人们不必再花费这样长的过程了。因此在刚刚完成了《帮助孩子们成功》这部以案例论述怎么打好乒乓球的新书之后，我决定再奉献给大家一本《跟高手学乒乓》图解乒乓球进攻技术的图集，以供具有相应技术水准的乒乓球爱好者与专业工作者学习并参考。

为了反映真实的击球动作，在作品中我选用了近期国内外优秀运动员，包括马琳、王皓、张继科、马龙、许昕、樊振东、庄智渊、波尔、柳承敏、奥恰洛夫、松平健太、李晓霞、丁宁、木子、李佳薇、姜华珺、福原爱等人技术动作的图片作为示范；为了清晰了解技术动作的用力行为，深入分析各项技术动作的用力本质，在图集中我采用了"对比法"，将经过处理的技术连续动作图片和动作组合图片相互对照。其实之所以今天我有能力迅速找出练习者技术动作的主要问题，并总是能在很短时间内帮助他们获得立竿见影的效果，这完全是得益于我利用上述方法获得的深入认识，所以在这部作品中我推荐这种方法与大家分享。

我的前一本书《帮助孩子们成功——如何教好、练好乒乓球》是以文字案例的叙述为主，而这本《跟高手学乒乓——图解乒乓球进攻技术》则是以图片的解析为主，两本书各有侧重，是互相关联的姊妹篇。

帮助大家"成功"是我从教坚持的始终，相信这部作品能够真正有助于那些正在学习、改进自己乒乓球技术的人，特别是成长中的少年儿童运动员和辛勤培养他们的教练员们。

# 二、解析乒乓球击球动作的三把钥匙

一切技术动作——无论是正确的、还是错误的,都是肌肉的用力行为。因此学习、掌握乒乓球击球动作是一个不断追求合理用力行为的过程,而不是苛求"动作规范"的过程。

第一把钥匙:下肢推动身体,躯干带动四肢。

依据"蹬地移动身体,转腰用力击球"的分工,在整个击球动作中,腿的作用是支撑用力,腰的作用是转向用力,手的作用是调节用力。

**正手进攻技术动作身体相关部位的肌肉用力分工(图2-1)**

图 2-1

3

图示中：

1——左腿支撑身体重心，并以此为轴向右后方转腰（向后转向用力）；

2——转腰用力带动引拍的同时也带动右腿移动；

3——身体重心迅速转至找到合适位置的右腿上；

4——随即以右腿支撑身体为轴向击球方向转腰（向前转向用力）；

5——当转腰用力带动手臂挥拍作用于击球的瞬间；

6——握拍手操控球拍做调节用力，用以驾驭击球的弧线轨迹。

第二把钥匙：人体的关节结构都是速度杠杆。

乒乓球击球瞬间的动作用力就是手指操控球拍的"杠、旋"用力。击球人的所谓"手感"就是指击球瞬间手指驾驭球拍在"顶拨力"——"杠"与"旋擦力"——"旋"之间做差别用力调节的能力。

## 横拍正手进攻击球瞬间的"杠、旋"调节用力（图2-2）

图示中：

1——击球瞬间球拍在持拍手食指向前的"顶拨力"作用下呈现向前的（杠杆）运动顶住来球；

2——随即前臂带动手腕做内旋动作；

3——其作用力传递集中到食指；

4——操控球拍做"旋擦"动作，驾驭击球弧线轨迹。

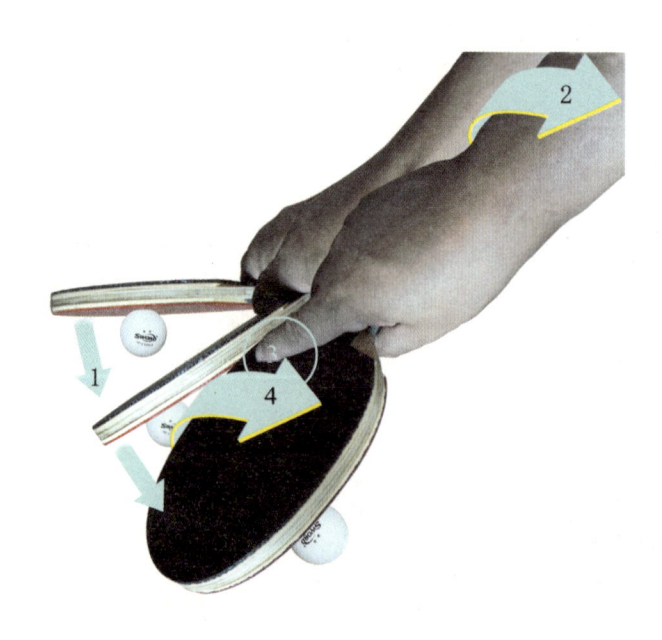

图 2-2

## 直拍正手进攻击球瞬间的"杠、旋"调节用力（图2-3）

图示中：

1——击球瞬间球拍在持拍手中指向前的"顶拨力"作用下呈现向前的（杠杆）运动；

2——顶住来球，随即前臂带动手腕做内旋动作；

3——其作用力传递集中到中指；

4——操控球拍做"旋擦"动作，驾驭击球弧线轨迹。

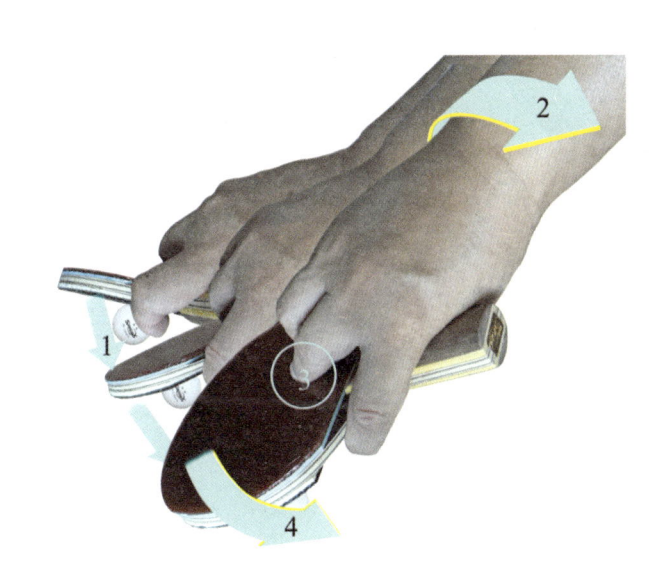

图 2-3

第三把钥匙：弧线是击球命中的保证。

制造弧线的摩擦用力与击球前球拍顶部（拍头）与来球的相对位置有关。低于来球的拍头位置有利于制造弧线的动作用力，提高拍头的位置就能压低弧线的轨迹。

## 反手拧拉击球前瞬间拍头提前低于来球（图2-4）

图示中，箭头处可以看到反手拧拉击球前瞬间球拍的拍头部分低于来球的相对位置，从而确保了提高摩擦击球的弧线。

## 正手快带弧圈球击球前瞬间拍头预先提起（图2-5）

图示中，箭头处可以看到正手快带弧圈球击球前瞬间球拍的拍头部分提起与来球的相对位置，从而确保压低摩擦击球的弧线。

图 2-4

图 2-5

# 三、相关技术概念解释

## （一）击球时间

图3-1所示为来球触台跳起后不同的击球时间。

当来球从球台跳起后，其运动过程都会经过球的上升期、高点期至下降期三个时间阶段。不同的击球技术需要把握住最佳的来球时间阶段击球，以确保击球的准确性和战术效果。这就是所谓的击球时间。

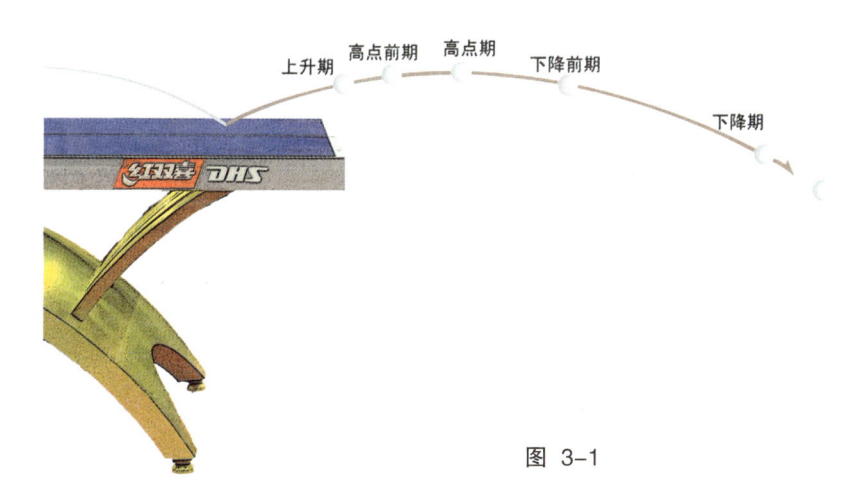

图 3-1

## （二）触球部位

图3-2所示为球拍击球接触球体的不同部位。

击球瞬间，球拍接触球体的部位即称为"触球部位"，它包括：顶部、中上部、中下部、底部和内侧、外侧等。不同击球技术根据需要都有各自要求的不同触球部位。

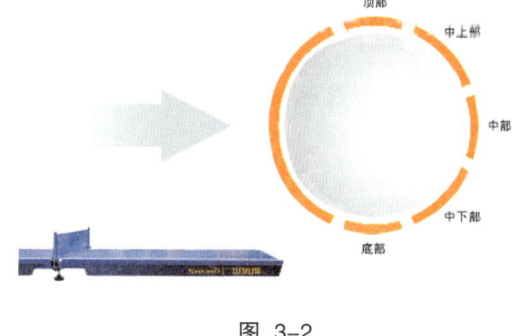

图 3-2

## （三）基础用力

图3-3所示为正手进攻击球瞬间的基础用力。

击球瞬间的腿部支撑用力1和转腰转向用力2作用于球就是技术动作的"基础用力"。基础用力合理可以保证击球稳定。

图 3-3

## （四）调节用力

击球瞬间在控制拍形角度和触球部位的同时，手指与手臂配合，驾驭球拍做"顶拨"与"旋擦"混合用力动作，并根据不同的击球变化，主动调节上述两种用力之间的比例，即称为"调节用力"。当基础用力作用于球，调节用力即成为确保准确和高效的关键。

图3-4所示为直拍正手进攻顶拨与旋擦调节用力。

图3-5所示为横拍正手进攻顶拨与旋擦调节用力。

图示中：

1是杠、旋混合用力中的"顶拨力"；

2是杠、旋混合用力中的"旋擦力"；

3是杠旋混合用力通过持拍手的相应手指传递至球拍作用于击球。

图 3-4

图 3-5

# 四、合理的握拍方法

合理的握拍方法与合理的击球动作有直接关系。每一次击球用力都是透过握拍的手指传递到球拍击球部位作用于来球的。因此可以说握拍方法直接影响技术动作，握拍用力直接影响击球手感。

世界上流行的握拍方法主要分为直握拍和横握拍两种。在这两类握拍法中，又由于打法特点不同而在具体握法与用力技巧上有所差别。直拍握法手指运用得较多，相比横拍要更加灵活，因此直握拍在发球变化、处理台内小球和近身球方面较横握拍容易。横拍的握法手指、手掌接触拍柄、拍面的面积较大，因此握拍比较稳定，大力击球较为容易，控球范围也较大，特别是反手击球的威力大于直拍。

### 直拍快攻的握拍法（图4-1）

适合直拍快攻型打法的正确握拍法，要求手指能够灵活变化拍形角度，敏锐地调整用力方向和用力方法，同时还能保持拍形稳定，发力击球。

图 4-1

### 王皓直拍背面的握拍法（图4-2）

世界冠军王皓是中国著名的直拍弧圈快攻运动员，他是两面反胶直拍横打的成功先行者。图示中可以看到，他的直拍背面握法与传统握法的主要区别表现在中指位置变化上，传统握法用中指第一关节的侧面顶住球拍的背面，而王皓改用中指第一关节的正面顶住球拍背面，且他的中指伸得较直，更加靠近球拍的击球部位。这样的握拍以便使他在运用正反手弧圈球进攻时增加更多的中指摩擦球力量。

图 4-2

### 柳承敏直拍握拍法（图4-3）

前奥运男单冠军柳承敏持日本式方形球拍，图示中可以看到，他背面顶住球拍的三个手指伸得很直，这种握拍法很自然地将手臂、手腕和球拍联成一条线，伸出去扩大了右半台的进攻范围。在正手拉弧圈球和扣杀时，更容易发挥手臂的力量。

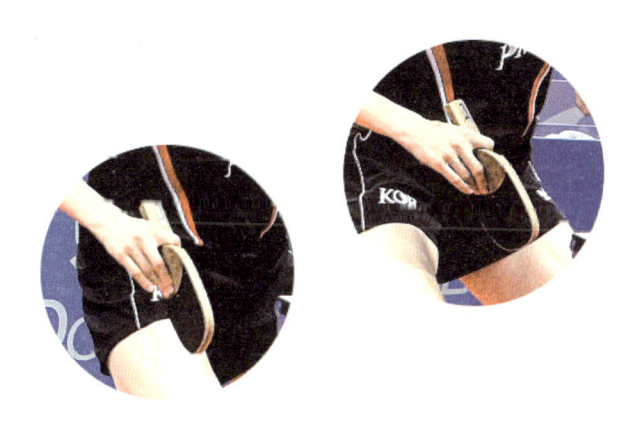

图 4-3

### "梦"直拍正面的握法（图4-4）

所谓"梦"直拍与传统直拍的区别主要在球拍正面拍柄下端的形状——呈与拇指、食指生理形状相吻合的形状。这种形状增加了上述两手指与拍柄的接触范围，特别提高了直拍背面进攻时食指操控球拍的用力效率，因此不仅可以兼顾传统的直拍击球技法，而且还可以进一步开发时下直板的背面进攻技法，包括发展正手位的背面进攻，是一种很有潜力的直拍握拍法。

图 4-4

### 直拍握拍法手指用力的关键要点（图4-5）

如图4-5所示：直握拍需要拇指①、食指③和中指④三个着力点协调用力，拍柄背面贴靠虎口的食指根部②是上述手指用力的支点。①、③、④三个手指围绕着支点②操控球拍的拍形角度和调节击球的杠、旋用力，因此支点②的稳定性非常重要。正确的握法是将球拍背面的拍柄靠在食指根部关节②较硬的稳定部位，而不可深入虎口内将拍柄整个陷入虎口的软组织中。

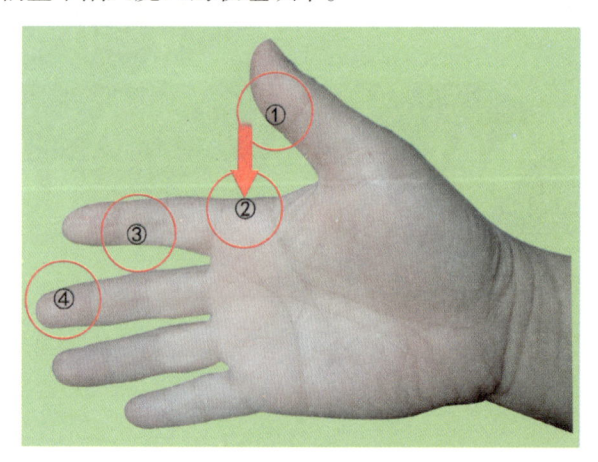

图 4-5

其次整个击球用力全部是通过中指④传递到球拍的击球位置，因此使中指④的位置适当靠近球拍的触球点有利于提高击球用力传递的效率。

反手运用背面攻球时，拇指①压拍与中指④协调用力控制拍形，食指③相对放松。击球瞬间中指④的指端紧顶球拍背面控制球拍运动，击球用力通过中指第一指节—球拍背面—球拍背面击球部位作用于来球，注意通过中指用力带动球拍摩擦击球。

**横拍握拍法**（图4-6）

横拍的攻击技术要求手腕能够比较灵活地调整拍形角度，手指能够敏锐地调整用力方向和用力方法，同时还能保持拍形稳定，发力击球。一般来说，由于横握拍时手指、手掌接触拍柄、拍面的面积比直拍大，因此握拍稳定性比直拍好，但是灵活性却相对不足。横拍的浅握法在一定程度提高了调节球拍的灵活性，适应了快速攻球的变化。正确的握法是以中指、无名指和小指自然地握住拍柄，拇指轻贴在球拍正面的中指附近，食指自然伸直斜贴在球拍的背面，虎口的食指根部轻微贴靠球拍的边缘。

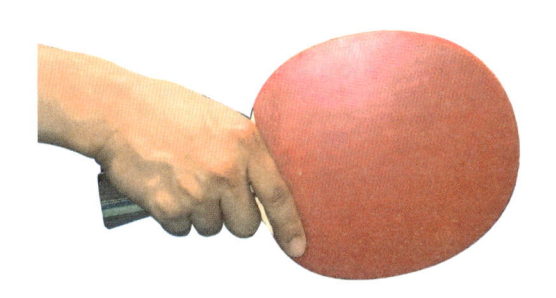

图 4-6

**马龙准备正手进攻时的横拍握法（图4-7）**

图 4-7

**马龙准备反手进攻时食指的变化图（图4-8）**

图 4-8

**马龙在准备反手进攻时拇指位置的变化（图4-9）**

图 4-9

# 四、合理的握拍方法

有人说，马龙的横拍进攻打法是世界上最先进的。这是因为马龙将中国近台快攻灵活多变的特点和传统欧洲横拍强悍的进攻、相持结合在了一起。从上面的图示中可以看出他的横拍握拍法打破了传统横拍握法手指位置变化较少的常规，提高了击球的灵活性。

**横拍握拍法手指用力的要点（图4-10）**

如图所示：横拍握法的中指③、食指②和拇指①握持球拍担负着向球拍击球部位传递击球用力的功能。反手进攻时，击球用力透过上移的拇指①传递到球拍的击球部位，这时食指的根部关节④是反手进攻用力的支点；正手进攻时，击球用力在中指③的协同下主要透过食指②传递到球拍的击球部位，此时拇指第一节①是正手进攻用力的支点。

轻松握住拍柄的无名指、小指和手掌与握住拍颈、拍面的中指、食指和拇指配合协调用力，灵活改变拍形角度，并保持拍形稳定。要注意避免小指、无名指、中指与手掌过于攥紧拍柄，这样一来会使手臂击球用力传递不够敏锐，调节不够精确；但是拍形过于灵活而不够稳定，同样会影响击球的准确性，降低击球用力时的手感。

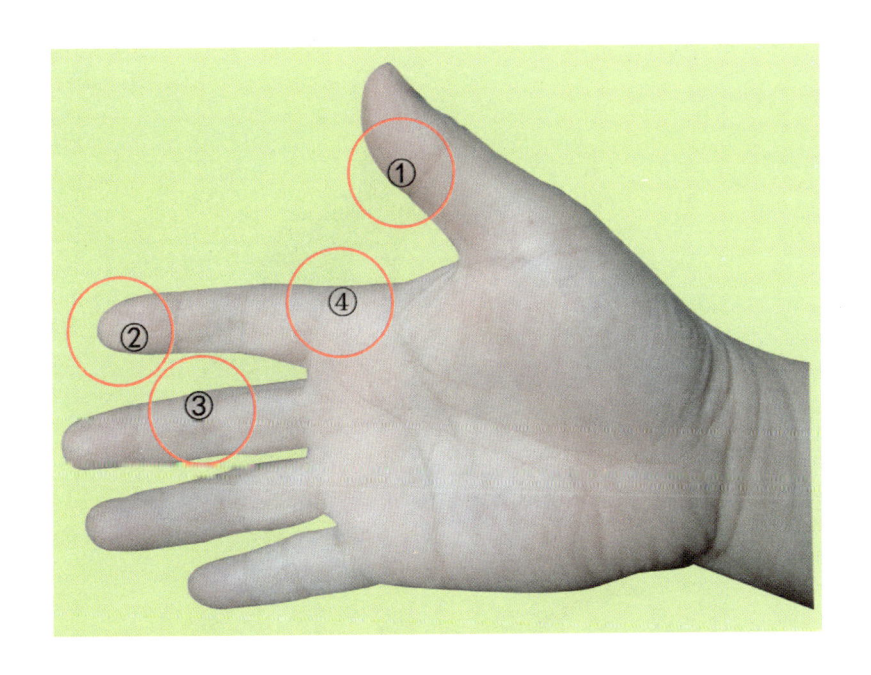

图 4-10

15

# 五、站位选择与准备姿势

接发球准备位置的选择和准备姿势对合理击球技术的发挥十分重要,其重要性不仅在于能集中精神做好突然应变的起动准备,以便敏捷出手,而且还能保证合理击球动作的用力稳定。同时,选择适合自己打法特点的准备位置还有助于自己特长技术得到率先的发挥。因此接发球准备位置的选择和保持合理的基本姿态是后续一系列合理击球动作的基础。

**王皓接发球的站位选择和身体基本姿态(图5-1)**

王皓是正反手攻防兼备的直拍弧圈快攻选手,特别是他的反手背面进攻技术独步天下,经常可以看到他用反手背面拧拉技术破解对手的台内短发球。图中可以看到,他的站位选在球台中部偏左的位置上,身体保持随时可以起动的姿态,双脚距离略宽于肩,左脚稍靠前。

图 5-1

## 马龙接发球的站位选择和身体基本姿态（图5-2）

马龙是技术全面的横拍进攻选手，他把弧圈球技术与近台快攻结合得天衣无缝。图中可以看到，他的站位选择也是在球台中间偏左的位置，左脚稍靠前，身体保持随时起动的良好姿态。

图 5-2

**柳承敏接发球的站位选择和身体基本姿态（图5-3）**

　　柳承敏是典型的凶狠进攻打法，他正手进攻的范围很大，威力十足。图中可以看到，柳承敏选手选择站在球台的左角，并保持明显的一脚在前、一脚靠后的站姿，这样有利于充分发挥他全台跑动中正手进攻的特点。

图 5-3

# 六、"出台球"进攻技术解析

所谓出台球就是指那些从球台跳起后且弧线最高点处在台球端线之外的来球。

出台球的进攻技术具有击球时间多样化和击球方法多样化的特点。人们可以选择很多击球时间段发动进攻，因而出台球进攻技术必定是多样化的，如弧圈球、快攻球、快带、快撕、扣杀等，是一种选择自由度很大、种类包括很广泛的进攻技术。从战略层面来看，出台球的进攻技术是所有进攻技术的基础，是学习其他进攻技术的出发点；从战术的实际运用来看，几乎在绝大多数的出台球进攻技术之前都有与台内球、半出台球的进攻技术无缝衔接的需要，因此处理好与不同类别进攻技术之间的衔接关系尤其重要；从技术的表现形式上来看，出台球进攻技术往往表现为与不间断地连续进攻和对攻相连接，因此涵盖进攻上旋球的技术更多。为此人们不仅需要提高进攻出台球技术的准确性，提高每一板击球的质量，包括速度、力量、旋转、弧线和落点等，而且还需要掌握不同用力技巧的击球技术，例如加力、合力、摩擦、弹打等。

图示中选用蓝色标识解析出台球进攻技术，是因为蓝色意味着广阔、意味着冷静、意味着理智与准确，这些都是出台球进攻技术需要的精神。

## （一）出台球正手进攻技术解析

### 出台球正手进攻技术的击球时间选择（图6-1）

出台球正手进攻选择的击球时间可以包括：上升期、高点前期、高点期、下降前期和下降期。为了争取进攻的主动态势，应该尽量选择高点前期、高点期和下降前期击球。

图 6-1

六、"出台球"进攻技术解析

**王皓正手进攻出台上旋球连续动作（图6-2）**

图 6-2

图示中：

1——准备击球时，以左腿支撑身体重心；

2——以左腿为轴向后转腰用力带动引拍；

3——转腰用力同时带动右腿移步找球；

4——右脚落地身体重心随即移至右腿；

5——以右腿为轴；

6——转腰用力带动手臂挥拍迎前；

7——击球之前，持拍手的手腕调节球拍，使拍头略低于来球；

8——在高点期至下降前期的击球瞬间，持拍手的中指向前用力透过球拍顶住来球的中上部，并结合前臂内旋动作共同用力操控球拍，运用"顶拨"加"旋擦"的调节用力动作驾驭击球；

9——击球用力完成后，身体重心顺势移至左腿，然后准备下一次击球。

六、"出台球"进攻技术解析

## 王皓正手进攻出台上旋球的"引拍储能"用力动作组合（图6-3）

图 6-3

图示中：

以支撑身体重心的左腿1为轴，利用向右后方转腰用力的动作2，不仅带动了手臂向后引拍，而且还带动了右腿移动的动作3（图中可见右脚提起移步到合适的击球位置的动作），这是击球基础用力的前半部分——"引拍储能"动作。

**王皓正手进攻出台上旋球的基础用力动作组合（图6-4）**

图 6-4

图示中：

正手进攻出台上旋球的基础用力包括，以支撑身体重心的右腿1为轴心，做向前转腰用力的动作2，并带动手臂挥拍迎前的动作3，在来球高点期至下降前期击球中上部。向前转腰的基础用力动作在右腿动作的支撑下，必须透过球拍作用于击球动作用力的全过程。

六、"出台球"进攻技术解析

**王皓正手进攻出台上旋球的调节用力动作组合（图6-5）**

图 6-5

图示中：

正手进攻出台上旋球的调节用力包括，球拍的拍头部分在触球前应保持比来球相对低的位置1（见特写图），这样有助于摩擦制造弧线。

击球瞬间持拍手的动作包括：中指用力透过球拍向前顶在来球的中上部，并结合前臂内旋与手指配合操控球拍共同用力，运用"顶拨"加"旋擦"的调节用力动作2驾驭击球。

击球用力完成后，身体重心3顺势转至左腿。

## 王皓正手快带回击弧圈球连续动作（图6-6）

图 6-6

图示中：

1——判断来球后，右脚向来球方向移步找位，身体重心迅速移动至右腿；

2——身体前倾扑向来球（重心完全压在右腿）；

3——手臂内旋伸出并调节拍形角度，使拍面前倾，同时拍头位置提高，准备在来球的上升期至高点前期击球中上部至顶部；

4——上体继续前压，右腿膝关节前屈支撑身体重心前移形成击球的基础用力；

5——球拍触球瞬间，持拍手的拇指压拍、中指透过拍头向前下方用力顶住来球的中上部至顶部的位置，并结合前臂迅速内旋的用力共同操控球拍，运用"顶压"加"旋擦"的调节用力动作驾驭击球，击球用力完成后，身体顺势还原。

六、"出台球"进攻技术解析

## 王皓正手快带回击弧圈球基础用力与调节用力动作组合（图6-7）

图 6-7

图示中：

上体前倾扑向来球的动作1使身体重心压向右腿与右膝关节前屈支撑身体重心前移的动作2，二者的合力形成向前压住来球的动能——基础用力作用于击球；

同时手臂迅速伸出，拇指压拍、食指放松使球拍前倾，并做拍头提起的动作3，击球时要借助来球上升期至高点前期的升力（形成击球的合力），击球瞬间中指用力透过球拍向前下方顶住来球中上部至顶部，并结合前臂迅速内旋的用力共同操控球拍，运用"顶压"加"旋擦"的调节用力动作4驾驭击球。

值得注意的是：在击球的全过程中，运动员完全依靠身体前倾与右腿支撑身体重心前移形成的基础用力驾驭击球方向，利用前臂、手腕、手指控制拍形角度与"杠、旋"的调节用力动作控制击球弧线。为了确保稳定驾驭来球并克服弧圈球的来球旋转，运动员的手臂、手腕等关节应始终保持伸直的稳定状态。

## 李晓霞正手拉出台下旋球连续动作（图6-8）

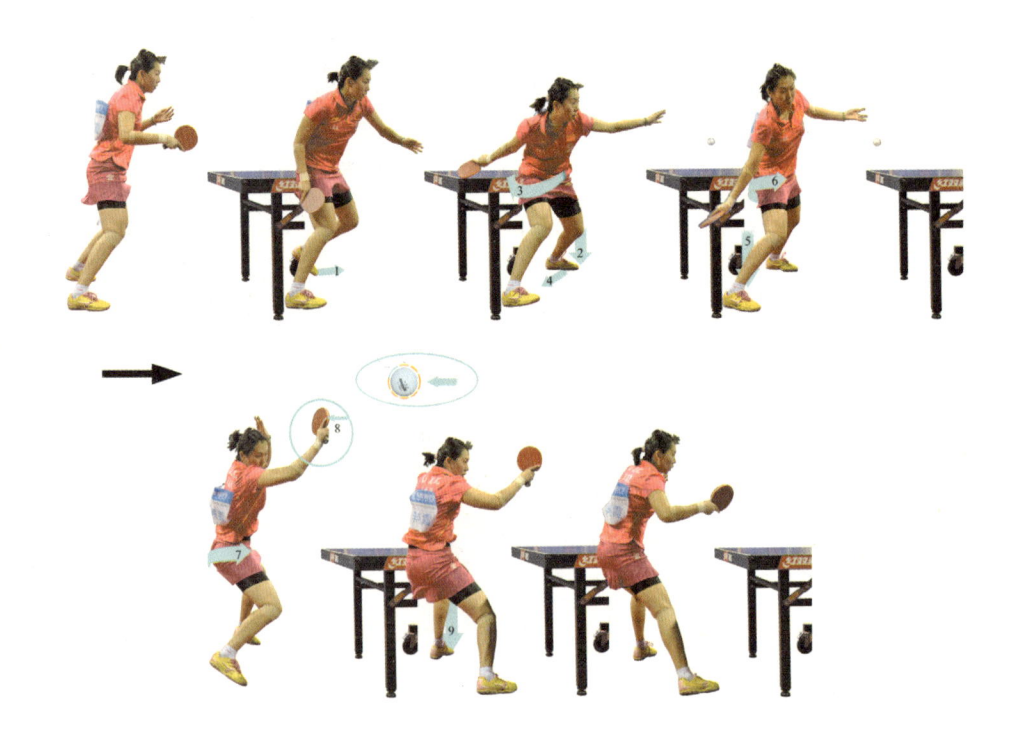

图 6-8

图示中：

1——准备击球时，左脚移动到合适的击球位置；

2——身体重心迅速移至左腿；

3——身体重心以左腿的支撑为轴，转腰带动向后引拍；

4——随即身体重心移至右腿；

5——将球拍的拍头位置引向后下方；

6——身体重心以右腿支撑为轴；

7——向前转腰用力；

8——转腰迎前的基础用力带动挥拍击球，争取在高点期至下降前期击球，因为是要拉直线球，持拍手的手腕外展控制拍面角度，触球时，食指透过球拍向前上方用力顶住来球的中部至中上部，并结合前臂内旋的共同用力操控球拍，运用"顶拨"加"旋擦"的调节动作用力驾驭击球；

9——击球用力动作完成后，身体重心顺势移至左腿；

10——左腿蹬地，准备下一次击球。

# 六、"出台球"进攻技术解析

**李晓霞正手拉攻出台上旋球连续动作（图6-9）**

图 6-9

图示中：

1——准备击球时，身体重心移到左腿；

2——以左腿为轴向右后方用力转腰带动球拍后引；

3——同时带动右脚移动到击球的合适位置，随即身体重心移至右腿；

4——将球拍的拍头位置引向右方；

5——以右腿为轴心转腰迎前用力（基础用力）带动挥拍力争在来球高点期击球；

6——与此同时右腿蹬地在转腰用力的带动下双脚跳起向右前方做跳步移动；

7——持拍手控制拍形略前倾，击球瞬间，持拍手的食指透过球拍向前用力顶住来球中上部，并结合前臂内旋的共同用力操控球拍，运用"顶拨"加"旋擦"的调节用力动作驾驭击球；

8——左脚率先落地，身体重心随即落在左腿上；

9——右脚随后落地并辅助支撑身体保持稳定，准备连续进攻。

## 李晓霞进攻下旋球与上旋球的基础用力动作对比（图6-10）

图 6-10

图示中，从进攻下旋球与进攻上旋球的基础用力动作对比来看，有两个明显区别：

首先是向后转腰用力带动引拍动作的方向不同，进攻下旋球的引拍动作1随着身体重心下降和向后下方转腰的动作使球拍处在相对更低的位置，以利于击球摩擦制造弧线；而进攻上旋球的引拍动作3随着向后转腰的动作，使球拍一直处在相同高度的水平位置，以便能抢在高点期进攻。

其次转腰迎前带动挥拍击球的基础用力方式不同，进攻下旋球必须是完全自主用力的进攻技术，因此击球的基础用力是以右腿为轴支撑身体重心的向前上方转腰2带动挥拍的用力；而进攻上旋球时的用力是以右腿蹬地为轴的短促转腰向前用力4，因为伴随着跳步移动，在转腰的同时提升了身体重心，产生了压制来球的效果，这样在转腰用力时就能针对上旋来球采用借力打力的合力击球技巧。

六、"出台球"进攻技术解析

**李晓霞进攻下旋球与上旋球的调节用力动作对比（图6-11）**

图 6-11

从图示中的对比可以看出，进攻下旋球与上旋球的调节用力不同，首先表现在击球前球拍拍头的位置明显不同。

进攻下旋球时，在引拍时就主动利用手腕调节球拍角度，使拍头引向后下方1，以确保在击球之前拍头处在比来球低的位置，以便充分发挥击球时向前上方的摩擦用力。

进攻上旋球时，引拍随着向后的转腰用力使球拍水平后移，拍头向右伸出4，以便在击球时有效控制弧线。

调节用力的不同还表现在食指操控球拍时2和5之间的用力方向的不同。

进攻下旋球时，食指向前上方的用力动作3透过球拍顶住来球中部至中上部，并结合前臂内旋用力动作共同操控球拍，运用"顶拨"加"旋擦"的调节用力动作驾驭击球（强力摩擦来球确保拉球弧线）。

进攻上旋球时，食指向前用力的动作6透过球拍顶住来球的中上部，同时结合前臂迅速内旋用力动作共同操控球拍，运用"顶拨"加"旋擦"的调节用力动作驾驭击球。

## 马龙侧身正手抽杀机会球连续动作（图6-12）

图 6-12

图示中：

1——准备击球时，身体重心以左腿为轴；

2——向右后方转腰用力；

3——转腰带动引拍和右脚移动至合适的击球位置后，即将身体重心移至右腿；

4——以右腿为轴，支撑全部身体重心用力蹬地、转腰向前；

5——左脚完全离地抬起迈出；

6——转腰迎前的基础用力带动挥拍击球；

7——在来球的下降前期，持拍手的食指透过球拍向前下方用力顶住来球的中上部，并结合前臂内旋用力共同操控球拍，运用"顶拨"加"旋擦"的调节用力驾驭击球；

8——球拍用力作用于球的过程完全是在右腿支撑身体重心、蹬地、转腰阶段完成，随即身体重心移至左腿。

# 六、"出台球"进攻技术解析

## 张继科侧身正手拉冲出台上旋球连续动作（图6-13）

图 6-13

图示中：
1——准备击球时，身体重心先移至左腿；
2——以支撑身体重心的左腿为轴转腰；
3——转腰用力向右后方带动引拍；
4——同时转腰用力带动右腿移步迈至合适击球位置；
5——将球拍的拍头位置引向后下方；
6——随即身体重心移至右腿；
7——以右腿为轴向前转腰用力（基础用力）带动手臂挥拍迎前击球；

8——在来球的下降前期击球，持拍手的食指透过球拍向前上方用力顶住来球中上部，并结合前臂内旋动作用力共同操控球拍，运用"顶拨"加"旋擦"的调节用力动作驾驭击球；

9——击球瞬间用力的完整动作须在右腿为轴的转腰过程中完成，之后身体重心移至左腿。

**丁宁正手拉出台下旋球连续动作（图6-14）**

图 6-14

图示中：

1——准备击球时，重心移向右腿；

2——以右腿为轴支撑身体重心；

3——身体向左后方转腰用力并带动引拍；

4——注意将球拍的拍头位置引至下方；

5——与此同时身体重心移至左腿；

6——以左腿为轴支撑身体重心向来球方向转腰；

7——转腰用力带动挥拍迎前，在来球的下降前期击球；

8——当转腰的基础用力作用于击球时，持拍手的食指透过球拍向前上方用力顶住来球中部，并结合前臂内旋用力动作共同操控球拍，顶住来球加力摩擦，并保证转腰的击球用力动作全部在左腿支撑下完成。

# 六、"出台球"进攻技术解析

## （二）出台球反手进攻技术解析

**出台球反手进攻的击球时间选择（图6-15）**

图示中，出台球反手进攻选择的击球时间可以包括上升期、高点前期、高点期和下降前期等。为了争取进攻的主动态势，运动员应该尽量选择高点前期、高点期和下降前期击球。

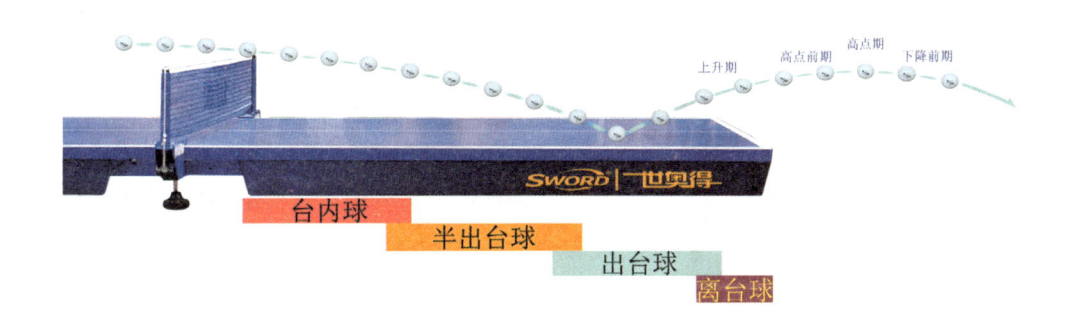

图 6-15

## 王皓反手背面拉出台上旋球连续动作（图6-16）

图 6-16

图示中：

1——准备击球时根据来球身体重心适当下降；

2——上臂内旋带动前臂引拍至身前两腿之间；

3——手腕内收并弯曲动作使球拍的拍头部分转向后下方；

4——向右前方转腰；

5——转腰带动身体重心移向右腿；

6——转腰带动上臂抬起使肘部前移，准备在来球的下降前期击球；

7——击球前球拍的拍头位置低于来球有利于摩擦球；

8——结合转腰4的用力，右脚蹬地使身体重心提升向前上方迎前用力（基础用力）；

9——击球瞬间，中指带动球拍向前用力顶住来球的中上部并结合前臂外旋的用力操控球拍，运用"顶拨"加"旋擦"的调节用力动作驾驭击球。

六、"出台球"进攻技术解析

**王皓反手背面拉出台上旋球的基础用力动作组合（图6-17）**

图 6-17

图示中：

腰部向前转动的用力动作1，带动身体重心2移动至右腿，同时带动上臂抬起，做肘部位置前移的动作3，为击球时的前臂向前用力建立了稳定、一致的支点，在保持身体前倾姿态的同时，做右腿蹬地提升身体重心的动作4，形成击球向前的基础用力。

## 王皓反手背面拉出台上旋球的调节用力动作组合（图6-18）

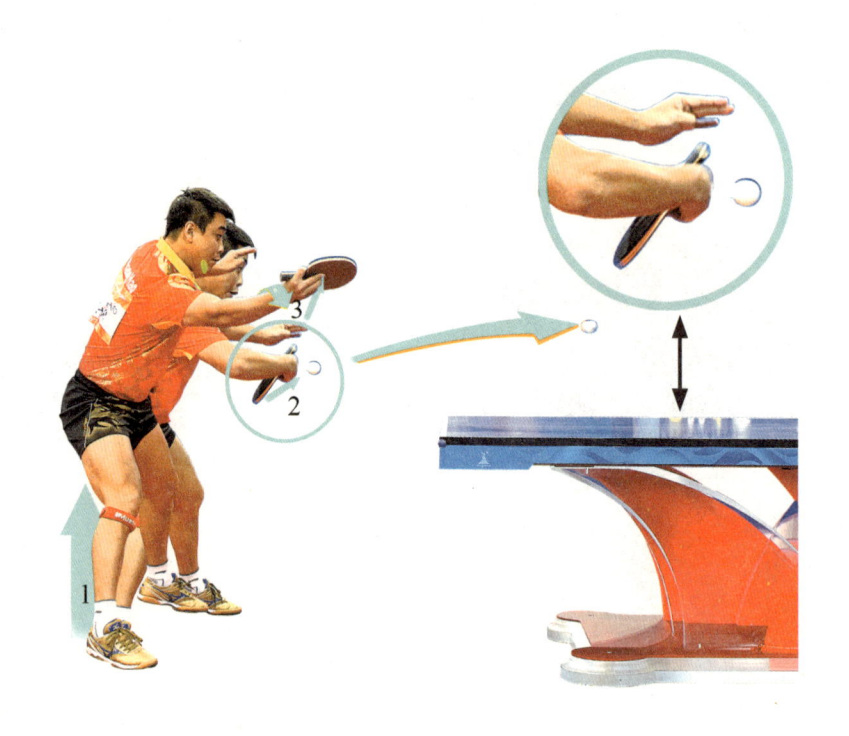

图 6-18

图示中：

右脚蹬地提升身体重心的动作1将向前转腰、挥拍的用力作用于击球，此时球拍的拍头部位2保持在低于来球的位置（见特写图），这是反手背面拉球摩擦用力和制造弧线的关键点。

击球瞬间，持拍手的中指带动球拍向前上方用力顶住来球中上部，并结合前臂外旋用力共同操控球拍，运用"顶拨"加"旋擦"的调节用力动作3驾驭击球。

## 庄智渊反手拉出台下旋球连续动作（图6-19）

图 6-19

图示中：

1——准备击球时，身体重心下降带动引拍；

2——向右前方转腰；

3——转腰带动身体重心移至右腿；

4——同时上臂内旋带动向后的引拍动作；

5——手腕做内收并弯曲动作，使球拍充分后引；

6——右脚蹬地使身体重心向前上方提升；

7——身体重心提升带动上臂抬起使肘部前移，形成前臂用力击球的稳定支点，此时前臂和手腕的肌肉群处在高度紧绷的储能状态，随时都可以弹射出抽杀的爆发力；

8——球拍的拍头始终保持垂向斜下方的位置；

9——以右腿为轴心支点；

10——向右转腰的基础用力动作带动手臂迎前用力，准备在来球的高点期至下降前期击球；

11——击球瞬间拇指用力透过球拍向前上方顶住来球中部至中上部，并结合前臂外旋用力共同操控球拍，运用"顶拨"加"旋擦"的调节用力动作驾驭击球。

**庄智渊反手拉出台下旋球基础用力动作组合（图6-20）**

图 6-20

图示中：

向右前方转腰用力的动作1不仅带动手臂的引拍动作，同时也带动身体重心移到右腿2上，然后以右腿为轴心，向右前方转腰用力的动作3带动手臂迎前挥拍击球。

## 六、"出台球"进攻技术解析

**庄智渊反手快撕出台上旋球的连续动作（图6-21）**

图 6-21

图示中：

1——准备击球时，身体重心适当下降带动手臂向后引拍；

2——随即做向右前上方转腰用力动作，带动身体移动和挥拍迎前击球；

3——转腰动作带动身体重心向左上方提升；

4——转腰动作带动身体重心至左腿；

5——转腰带动上臂抬起，肘部前移带动前臂向前用力；

6——在来球的高点前期击球中上部至顶部，击球前球拍的拍头位置适当提高，与球保持前后的水平移动；

7——以左腿为身体的轴心支点，右脚辅助用力支撑身体保持平衡；

8——向前转腰用力形成击球的基础用力；

9——当基础用力作用于击球瞬间，拇指透过球拍向前用力顶住来球中上部至顶部，并结合前臂外旋用力共同操控球拍，运用"顶压"加"旋擦"的调节用力动作驾驭击球。

**庄智渊反手快撕出台上旋球的基础用力与调节用力动作组合（图6-22）**

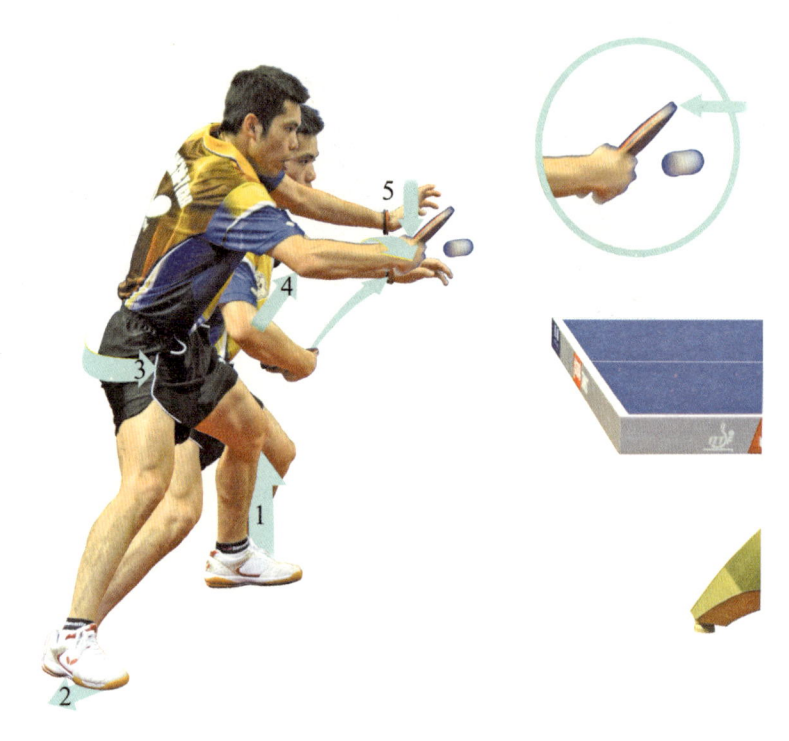

图 6-22

图示中：

反手快撕出台球的基础用力是图中1～4的用力动作。

准备击球时，右腿蹬地用力1将已经下降的身体重心移至左腿，紧接着左腿2向前上方蹬地，转腰的动作3及身体重心提升的力量4带动上臂迎前挥拍形成击球的基础用力。

反手快撕出台球的调节用力是图中5的混合用力动作。

当基础用力作用于击球的瞬间拇指透过球拍向前用力顶住来球中上部至顶部，并结合前臂外旋的用力共同操控球拍，运用"顶压"为主加"旋擦"的调节用力动作5驾驭击球。

图中特写放大了球拍触球瞬间球拍的拍头部分与球相对平行的位置。

六、"出台球"进攻技术解析

**姜华珺反手弹打出台上旋球连续动作（图6-23）**

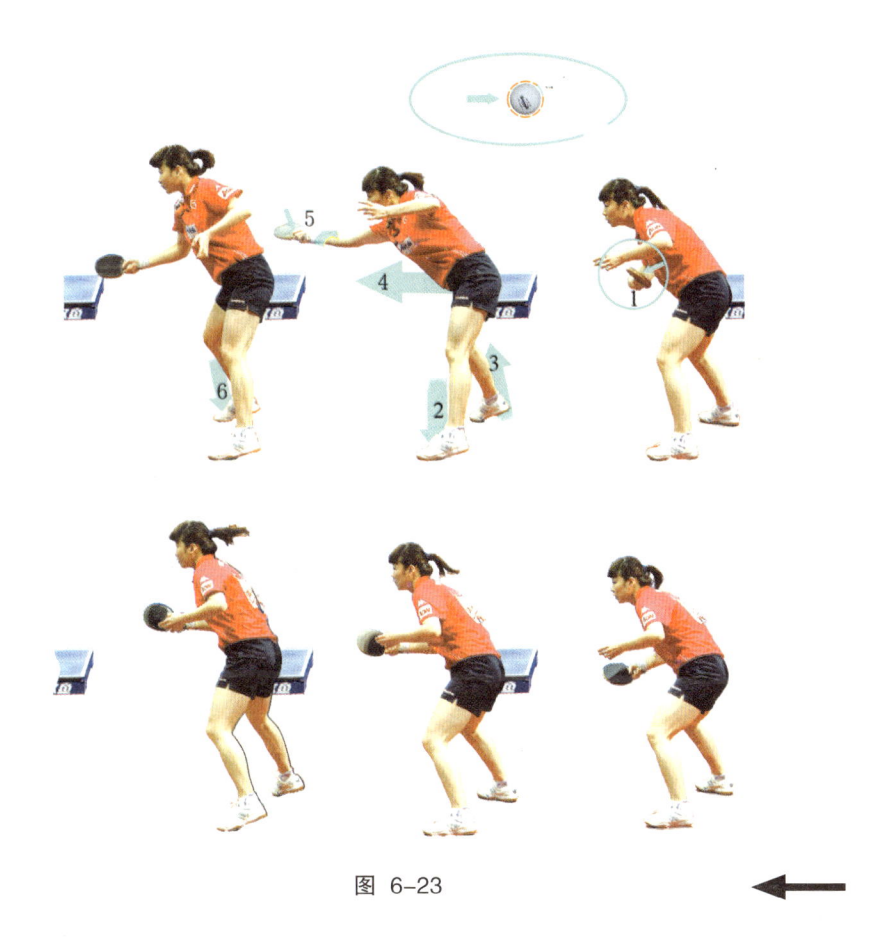

图 6-23

图示中：

1——准备击球时，已经注意将球拍的拍头部位提高；

2——右脚向左前上方蹬地用力提高身体重心至左腿；

3——右腿辅助蹬地在保持高重心和前倾的身体状态下，准备抓住来球的高点期击球；

4——利用左腿为轴向前转腰的基础用力带动挥拍迎前击球；

5——在基础用力作用于击球的瞬间，拇指透过球拍向前用力弹打来球中上部，并结合前臂外旋用力共同操控球拍，运用"弹打"为主加"旋擦"的调节用力驾驭击球；

6——击球后右脚随着转腰动作向前移动并支撑身体重心。

## 姜华珺反手弹打出台上旋球基础用力与调节用力动作组合（图6-24）

图 6-24

图示中：

弹打出台球的基础用力是右腿向左前上方用力蹬地提升身体重心的动作2至左腿1上，在保持身体前倾和高重心的姿态下，利用左腿为轴做向前转腰用力的动作3，利用这一基础用力带动挥拍迎前击球。

弹打出台球的调节用力包括两部分：首先是球拍在引拍时已经调节好拍头4的位置，使拍头保持与击球平行运动的状态；其次是触球瞬间5，拇指透过球拍向前用力弹打来球中上部，并结合前臂外旋用力共同操控球拍，运用"弹打"为主加"旋擦"的调节用力驾驭击球。

六、"出台球"进攻技术解析

## 张继科反手快撕出台上旋球基础用力与调节用力动作组合（图6-25）

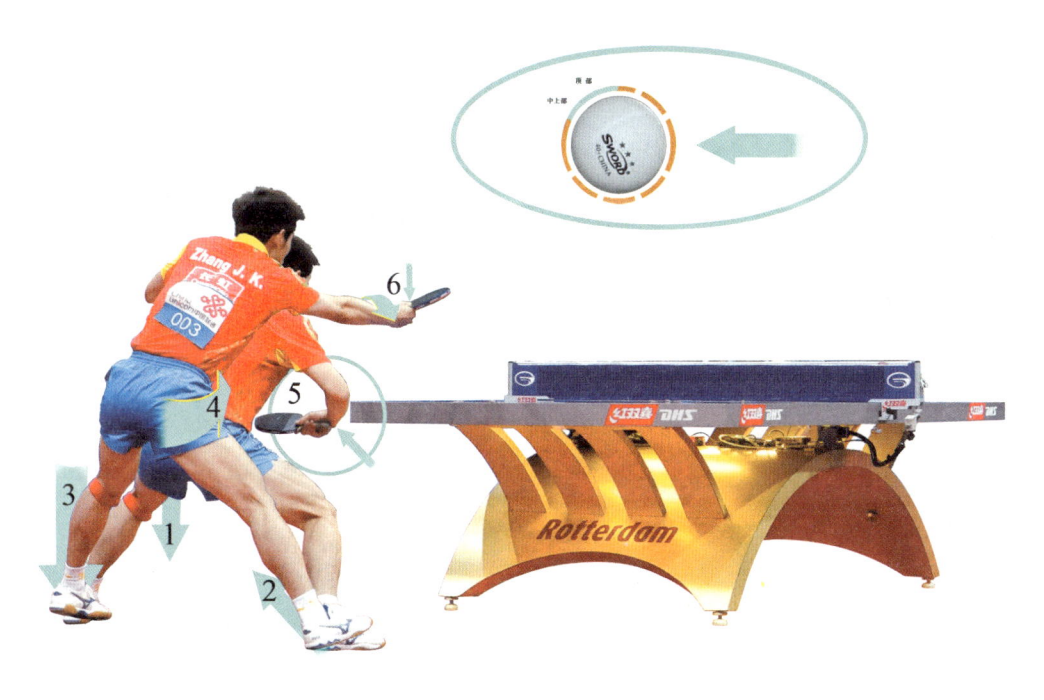

图 6-25

图示中：

反手快撕上旋球的基础用力包括1～4几个动作。准备击球时，利用身体重心下降的动作1带动球拍后引至腹前。右腿向左上方用力蹬地的动作2提升身体重心至左腿，随即以左腿3为轴向右前方做转腰用力的动作4，利用这一基础用力带动手臂在来球的高点前期击球。

反手快撕上旋球的调节用力包括5、6两动作。引拍5至腹前时，不仅做手腕充分内收、弯曲的储能动作，而且调整拍形前倾，使球拍的拍头部分适当提升，准备击球中上部至顶部；击球瞬间6的动作包括，拇指透过球拍向前用力顶住来球中上部至顶部并结合前臂外旋用力共同操控球拍，运用"顶压"为主加"旋擦"的调节用力动作驾驭击球。

43

# 七、"半出台球"进攻技术解析

所谓半出台球，是指那些从球台跳起后，弧线最高点仍处在台面上方的来球。当这些来球飞出球台端线时，其飞行弧线已经进入了下降期，这时往往不易进攻。"半出台"的来球多数是下旋球（包括不转球），因此可以说，半出台球进攻技术主要是进攻下旋来球的技术；同时还可以说，半出台球进攻技术只是一板进攻下旋球的技术，因为除非面对削球手，多数情况下接下来的来球都会变成出台的上旋球，这就是半出台球进攻技术的特点。

半出台球进攻技术在战略上的态势在于它是发起主动进攻的开始，是从相互控制阶段转为主动进攻阶段的"第一板"进攻技术，多数进攻型选手进入他们真正意义上的比赛往往从这里开始。

半出台球进攻技术在战术上包括了多样目的，既包括威力足够的强势进攻，以求一下子夺取主动权；也包括积极的试探性进攻，找机会，积小胜为大胜，力求逐渐掌握比赛的主动权；同时还包括以攻为守的"过渡性"进攻，目的是摆脱对手的进攻压力。

虽说是人们都期望自己能率先发起第一板进攻，但是半出台来球的进攻难度不仅比起出台球来说大得多，而且进攻的效果经常也会大相径庭。因此明确半出台球进攻的战术目的，提高进攻技术的质量，增加进攻技术的变化，衔接好后续的连续进攻十分重要。

图示中用黄色标识解析"半出台球"进攻技术，这是因为黄色接近于金色是象征收获与成功的即将到来，但是黄色同时是不确定的预警信号，这恰好反映了半出台球进攻技术有可能带来喜忧参半的局面。

七、"半出台球"进攻技术解析

**半出台球进攻技术的击球时间选择（图7-1）**

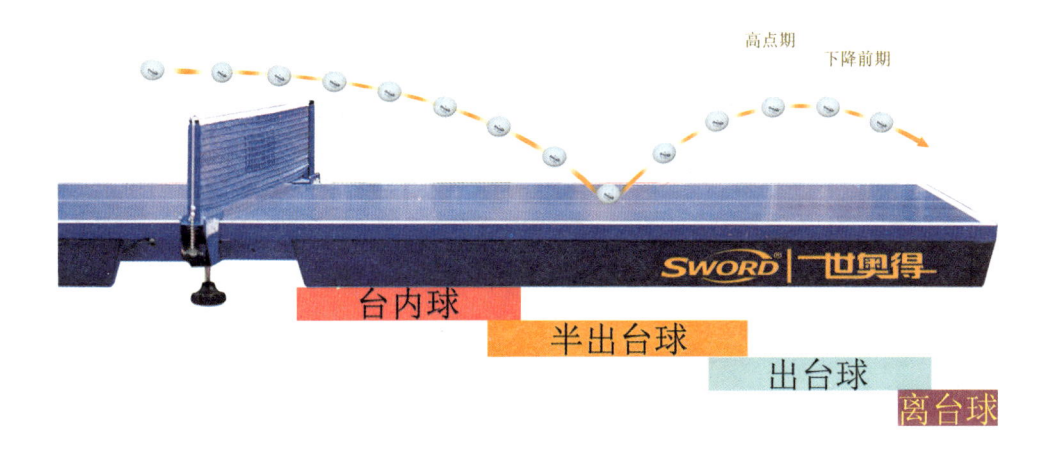

图 7-1

图示中：半出台球进攻技术选择的击球时间主要包括高点期和下降前期。为了争取获得更好的进攻效果，必须结合不同进攻技术的运用选择相应的击球时间。

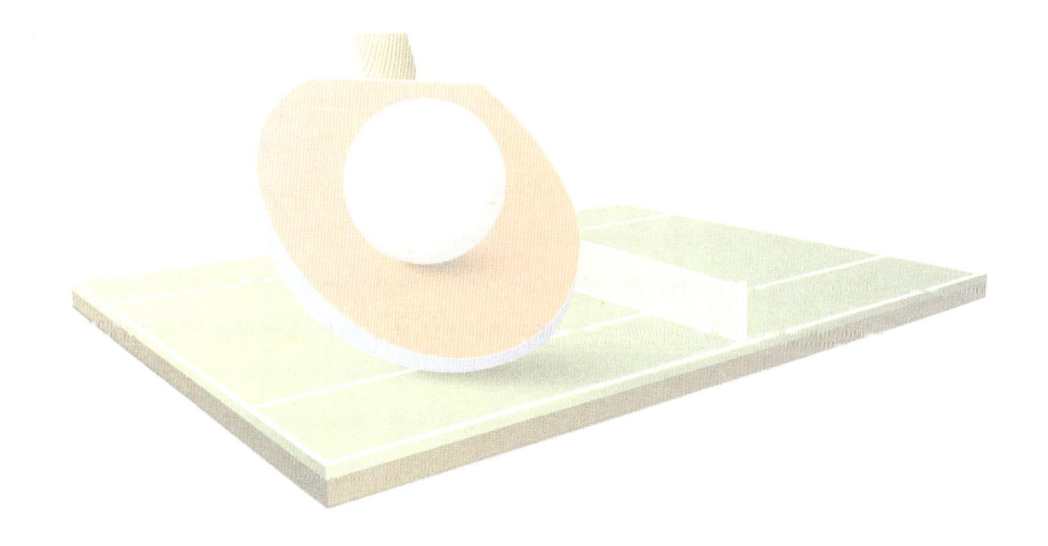

## 柳承敏侧身正手进攻半出台球连续动作（图7-2）

图 7-2

图示中：

1——准备击球时，左脚向左前方移动到适合的击球位置；

2——随即身体重心移至左腿；

3——以支撑身体重心的左腿为轴向后下方转腰，带动引拍，并降低身体重心；

4——手腕、手指操控球拍将球拍的拍头位置引向后下方；

5——随即将身体重心转移至右腿（重心转移过程中，右脚可以提起移动，将身体调整到更适合的击球位置）；

6——以支撑身体重心的右腿为轴向来球方向转腰用力（基础用力）；

7——转腰的基础用力带动手臂挥拍，准备在来球的下降前期击球；

8——在整个转腰击球用力的过程中，身体重心始终稳定地保持在右腿上，图中此时可见左脚完全离地抬起；

9——当转腰的基础用力作用于击球的瞬间，持拍手的中指用力透过球拍顶住来球的中部至中上部，并结合前臂的内旋用力共同操控球拍，运用"顶拨"加"旋擦"的调节用力动作驾驭击球；

10——球击用力完成后，身体重心顺势移至左腿，准备下一次击球。

## 柳承敏侧身正手进攻半出台球基础用力动作组合（图7-3）

图 7-3

图示中：

侧身正手进攻"半出台球"的基础用力动作是从身体重心转移至右腿的动作1开始，以右腿2为轴心，支撑躯干用力做转腰迎前的动作4，并带动手臂挥拍击球的力量就是击球的基础用力。值得注意的是：为了避免影响转腰向前的基础用力，使之充分作用于击球，在整个击球用力的完整过程中，左脚3保持了离地提起的状态。

## 柳承敏侧身正手进攻半出台球调节用力动作组合（图7-4）

图 7-4

图示中：

侧身正手进攻半出台球的调节用力从引拍的动作1开始，在引拍动作的过程中，利用持拍手的手腕、手指调节拍形角度，并注意将球拍的拍头位置引向后下方2，使球拍3在击球前始终保持低于来球的位置；

当转腰迎前的基础用力通过球拍作用于球的瞬间，在其他手指的配合下，持拍手的中指用力透过球拍顶住来球中部至中上部，并结合前臂内旋的动作4共同用力操控球拍，运用"顶拨"加"旋擦"的调节用力动作驾驭击球。

## 柳承敏正手位进攻半出台球的连续动作（图7-5）

图 7-5

图示中：

1——准备击球时，左腿支撑身体重心；

2——以左腿为轴向右后方转腰带动引拍；

3——转腰同时带动右脚移动向右前方找到合适击球位置；

4——右脚落地，身体重心随即移至右腿；

5——手腕、手指操控球拍将球拍的拍头位置引向后下方；

6——身体重心完全在右腿；

7——以右腿为轴，向前转腰用力在来球的高点期击球；

8——在整个转腰击球用力的过程中，身体重心始终稳定地保持在右腿上，图中此时可见左脚完全离地抬起；

9——当转腰的基础用力作用于击球的瞬间，持拍手的中指向前上方用力透过球拍顶住来球中上部，并结合前臂的内旋用力动作共同操控球拍，运用"顶拨"加"旋擦"的调节用力动作驾驭击球；

10——击球用力完成后，身体重心顺势移至左腿，准备下一次击球。

## 柳承敏正手位进攻半出台球的基础用力与调节用力动作组合（图7-6）

图 7-6

图示中：

正手位进攻半出台球的基础用力动作是从身体重心以右腿为轴支撑身体的动作1与用力转腰迎前的动作2开始，到带动手臂挥拍击球，这就是击球的基础用力。值得注意的是为了保证转腰向前的基础用力完全作用于击球，在整个击球用力的过程中，左脚3保持了离地提起的状态。

正手位进攻半出台球的调节用力动作从引拍动作4开始，在引拍动作的过程中，利用持拍的手腕、手指调节拍形角度的同时，注意将球拍的拍头位置引向后下方，使其在击球前始终保持低于来球的位置。

当转腰的基础用力迎前通过球拍作用于击球的瞬间，在其他手指的配合下，持拍手的中指用力透过球拍顶住来球中上部，并结合前臂内旋用力的动作5共同操控球拍，运用"顶拨"加"旋擦"的调节用力动作驾驭击球。

## 王皓反手背面进攻半出台球连续动作（图7-7）

图 7-7

图示中：

1——准备击球时，右脚向右前方移步找到合适的击球位置；

2——身体重心移至右腿，并降低重心带动引拍至腹前；

3——手腕内收并弯曲，并配合手指调整拍形角度，使球拍的拍头位置引向后方；

4——以支撑身体重心的右腿为轴；

5——向后转腰用力；

6——转腰带动上臂抬起，肘部前移形成前臂稳定的发力支点；

7——同时充分地向后引拍；

8——身体重心移至左腿；

9——以左腿为轴向右转腰带动手臂迎前，准备在来球的高点至下降前期击球；

10——当转腰动作的基础用力作用于击球瞬间，持拍手的中指向前上方用力带动球拍顶住来球中部至中上部，并结合前臂的外旋用力动作共同操控球拍，运用"顶拨"加"旋擦"的调节用力动作驾驭击球。

## 王皓反手背面进攻半出台球基础用力与调节用力动作组合（图7-8）

图 7-8

图示中：

反手背面进攻半出台球的基础用力是以支撑身体重心的左腿动作1为轴，转腰向前用力的动作2带动挥拍击球提供的。

反手背面进攻半出台球的调节用力从引拍的动作3开始，手腕内收并弯曲，尽量将球拍的拍头位置引向下后方。当转腰的基础用力作用于球的瞬间，在其他手指的配合下，持拍手背面的中指用力带动球拍顶住来球中部至中上部，并结合前臂外旋动作共同用力动作4操控球拍，运用"顶拨"加"旋擦"的调节用力动作驾驭击球。

## 马龙正手进攻半出台下旋球连续动作（图7-9）

图 7-9

图示中：

1——准备击球时，身体重心向左移动；

2——以左腿为轴；

3——向右方转腰用力，带动持拍手的引拍动作；

4——同时转腰用力带动右脚向右前方击球位置移动；

5——将球拍的拍头位置引向后下方；

6——随即将身体重心从左腿移至右腿，同时降低身体重心；

7——完全以右腿支撑身体重心；

8——以右腿为轴心，向来球的方向转腰迎前用力，并带动挥拍动作，准备在来球的下降前期击球；

9——当转腰的基础用力作用于击球瞬间，持拍手的食指用力透过球拍向前上方顶住来球的中部至中上部，并结合前臂内旋动作共同用力操控球拍，运用"顶拨"加"旋擦"的调节用力动作驾驭击球。

## 马龙正手进攻半出台下旋球的基础用力与调节用力（图7-10）

图 7-10

图示中：

正手进攻半出台下旋球的基础用力包括：右腿的动作1完全支撑身体重心后，以右腿为轴心向来球方向的转腰用力动作2，形成转腰的基础用力带动挥拍击球动作。

正手进攻半出台下旋球的调节用力是从引拍的动作3开始，要求将球拍的拍头位置引向后下方，以此保证击球前拍头始终处在低于来球的位置，以便充分摩擦球增加旋转、制造弧线。

在击球瞬间持拍手的手指操控球拍是调节用力的关键。图中可以看到，持拍手的食指用力透过球拍向前上方顶住来球的中部至中上部，并结合前臂内旋动作4共同用力操控球拍，运用"顶拨"加"旋擦"的调节用力动作驾驭击球。

## 庄智渊侧身正手进攻半出台下旋球的连续动作（图7-11）

图 7-11

图示中：

1——准备击球时，身体重心向左移动，选择好侧身进攻的基本位置；

2——以左腿为轴；

3——向后转腰用力，带动持拍手的引拍动作；

4——同时转腰用力带动右脚向前方移动靠近来球跳出球台的击球位置；

5——将球拍的拍头位置引向后下方；

6——随即将身体重心从左腿移至右腿，同时降低身体重心；

7——完全以右腿支撑身体重心；

8——以右腿为轴向来球方向转腰用力，迎前带动挥拍动作，准备在来球的下降前期击球；

9——当转腰的基础用力作用于击球瞬间，持拍手的食指用力透过球拍向前上方顶住来球的中部至中上部，并结合前臂内旋的动作共同用力操控球拍，运用"顶拨"加"旋擦"的调节用力动作驾驭击球。

庄智渊侧身正手进攻半出台下旋球的基础用力与调节用力动作组合（图7-12）

图 7-12

图示中：

侧身正手进攻半出台下旋球的基础用力包括：右腿完全支撑身体重心的动作1与以右腿为轴心向来球方向的转腰用力动作2形成的击球基础用力，进而带动挥拍击球动作。

侧身正手进攻半出台下旋球的调节用力是从引拍的动作3开始，要求将球拍的拍头位置引向后下方，以此保证击球前拍头始终处在低于来球的位置，以便充分摩擦球增加旋转、制造弧线。

在击球瞬间持拍手的手指操控球拍是调节用力的关键。图中可以看到，持拍手的食指用力透过球拍向前上方顶住来球的中部至中上部，并结合前臂内旋动作4共同用力操控球拍，运用"顶拨"加"旋擦"的调节用力动作驾驭击球。

## 庄智渊反手进攻半出台下旋球连续动作（图7-13）

图 7-13

图示中：

1——准备击球时，左脚向左前方移动选择合适的击球位置；

2——身体重心随即移至左腿，并降低身体重心；

3——以左腿为支撑身体重心的轴心；

4——向前转腰带动手臂引拍；

5——控制球拍的拍形前倾，并将拍头部分尽量引向后下方；

6——继续以左腿为支撑身体的轴心；

7——向右转腰形成的基础用力带动手臂挥拍迎前在高点期击球；

8　　当转腰的用力作用于击球瞬间，持拍手的拇指用力透过球拍向前上方顶住来球的中上部，并结合前臂外旋的动作共同用力操控球拍，运用"顶拨"加"旋擦"的调节用力动作驾驭击球；

9——右脚支撑身体维持平衡，以便连续击球。

## 庄智渊反手进攻半出台下旋球的基础用力与调节用力动作组合（图7-14）

图 7-14

图示中：

反手进攻半出台下旋球的基础用力包括：以左腿为轴心的动作1，向来球方向的转腰用力动作2与用转腰的基础用力带动挥拍迎前的击球动作3。

反手进攻半出台下旋球的调节用力是从引拍的动作4开始，要求球拍的拍形前倾、并将拍头位置引向后下方，以此保证击球前拍头始终处在低于来球的位置，以便充分摩擦球，增加旋转、制造弧线。

在击球瞬间，持拍手的手指操控球拍是调节用力的重点要领，其中要求持拍手的拇指用力透过球拍向前上方顶住来球的中上部，并结合前臂外旋动作5共同用力操控球拍，运用"顶拨"加"旋擦"的调节用力动作驾驭击球。

## 姜华珺反手（生胶）拉半出台下旋球连续动作（图7-15）

图 7-15

图示中：

1——准备击球时，身体重心移至右腿，并降低身体重心；

2——以右腿为轴向左后方转腰；

3——转腰用力带动上臂抬起，肘部的位置前移；

4——注意引拍时拍形角度不要过分前倾，并将拍头位置引向后下方；

5——以右腿为轴向左前方转腰用力，并带动手臂挥拍，准备在来球的下降前期击球；

6——当转腰的基础用力作用于击球的瞬间（来球陷入海绵胶皮的瞬间），持拍手的拇指用力透过球拍向前上方顶住来球的中部至中上部，并结合前臂外旋动作共同用力操控球拍，运用"弹拨"加"旋擦"的调节用力动作驾驭击球。

# 八、"台内球"进攻技术解析

所谓台内球,是指那些从台面上跳起来后,其第二跳仍然会落在台面上的来球。台内球进攻技术需要面对的只有两种球,一种是对方的发球,另一种是对方的摆短球或搓短球。台内球的进攻技术从某种意义上说也只是"一板球"的进攻技术,因为接下来的球必然都是出台球了,这是台内球进攻技术的特点之一。同时台内短球弧线短,在来球跳起的飞行过程中,可以抓住机会进攻的只有当球跳到最高点的一瞬间,否则就会错失进攻机会,这也是台内球进攻的另一个特点。

台内球进攻技术在战略上是摆脱控制的进攻,因为比赛必然是从双方的相互控制开始博弈的,而绝大多数的控制都是从台内球开始。因此进攻台内球的目的就是要摆脱控制。然而台内球进攻技术在战术运用中的主要作用是过渡性的,只为了摆脱对方的控制,实现将比赛过渡到对自己有利局面的目的。

事实上,在比赛中运用台内球进攻技术的机会与风险并存。说是机会,是因为由此可以摆脱对方的控制;说是风险,又是因为这是深入台内的进攻,从深入台内到退出来衔接后续的技术难度很大,稍有不慎就可能弄巧成拙。因此运用台内球进攻技术必须做到既胆大又心细,既果断又精准、既稳定又敏捷,这些都是具有相当难度的要求。

图示中用红色标识解析台内球进攻技术,这是因为红色意味着兴奋和高昂斗志,红色意味着大胆进取,同时红色也意味着面临挑战和高风险。这些都与进攻台内球的精神要求相吻合。

八、"台内球"进攻技术解析

## 台内球进攻技术的击球时间选择（图8-1）

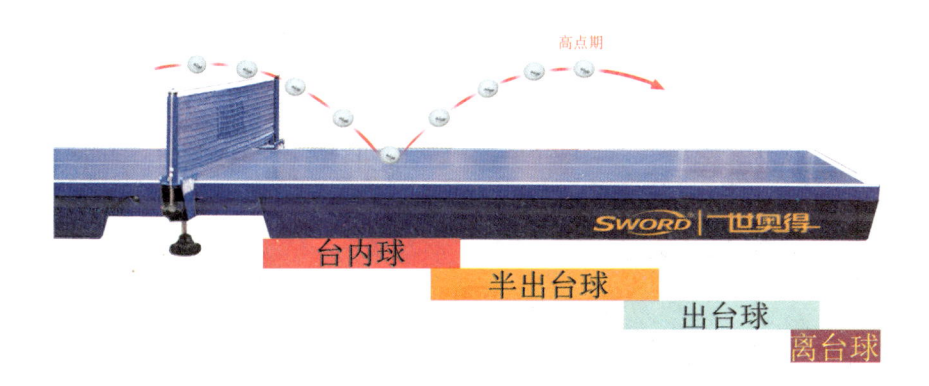

图 8-1

进攻台内球的击球时间只有一小段——来球跳起的高点期，由于来球弧线短，在来球的飞行过程中，球的高点期也非常短暂，因此必须提前准备，果断上前抓住短暂的高点期击球，机不可失、失不再来。

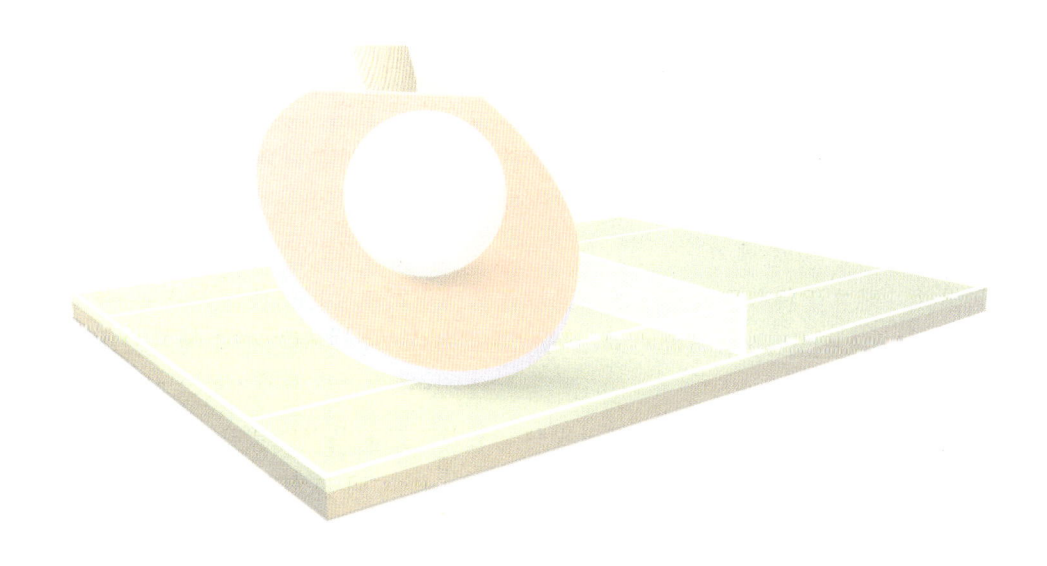

## 松平健太横拍正手"挑打"台内球连续动作（图8-2）

图 8-2

图示中：

1——准备击球时，右脚迅速移步向来球落台点的偏左位置前插入球台下边；

2——手腕带动球拍的拍头部分充分后引；

3——肘关节始终保持伸直的稳定状态；

4——手腕用力带动球拍迎前，抢在来球跳起的高点期击球的中部；

5——身体迅速前倾；

6——前倾的身体带动膝关节向前弯曲，利用身体重心移动产生的击球基础用力；

7——击球瞬间，持拍手的食指透过球拍向前用力，并结合前臂内旋的动作共同用力，运用"点拨"加"旋擦"的调节用力驾驭击球。

八、"台内球"进攻技术解析

**松平健太横拍正手"挑打"台内球的基础用力与调节用力动作组合（图8-3）**

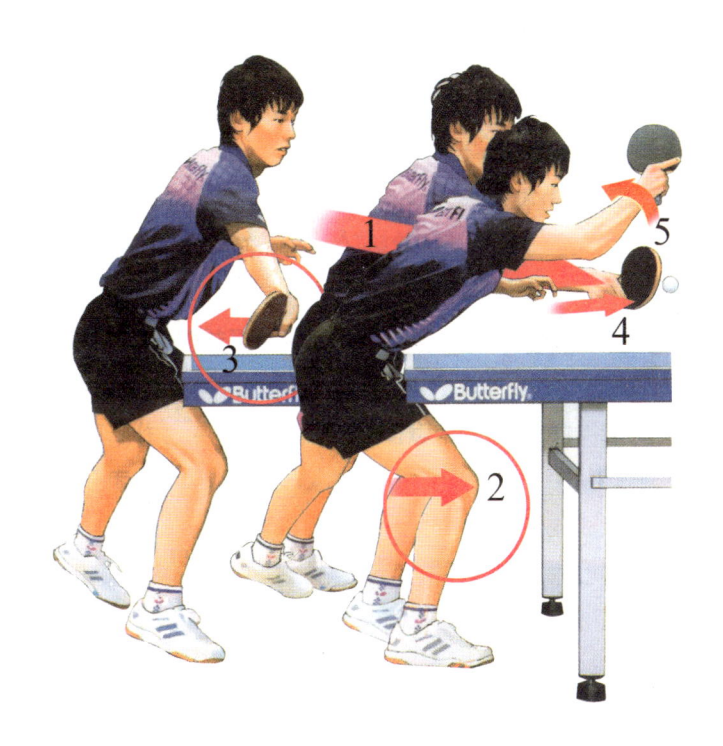

图 8-3

横拍正手挑打台内球动作的基础用力是从上体前倾的动作1开始，至压向右腿膝关节的身体重心产生前移的动作2。为了保证基础用力有效地作用于击球，需要注意前臂在击球时保持稳定的伸直状态。

横拍正手挑打台内球的调节用力要求是：一方面要求持拍手在击球前，利用手腕带动球拍做尽量后引的动作3，根据来球的旋转调整好拍形角度；另一方面要求击球瞬间食指用力的动作4透过球拍向前"点拨"来球的中部，并结合前臂内旋的动作5，运用"点拨"加"旋擦"的调节用力驾驭击球。

挑打台内球时机非常短促，应该在来球跳起的上升期迅速插入球台，抢在高点期击球，充分利用手腕引拍时的肌肉牵张反射功能，要突出一个"打"字。击球控制的稳定一定是来自身体重心前移的基础用力与球拍的调节用力之间形成的瞬间"合力"，因此尽量使右脚迈步落地动作的时间与球拍击球动作的瞬间同步，就能比较容易地把握住这两个力量形成"合力"的契合点。

**李晓霞正手"推挑"台内短球的连续动作（图8-4）**

图 8-4

图示中：

1——准备击球时，身体重心向左移动；

2——左腿支撑身体重心；

3——转腰带动右脚向来球的方向前移，并将持拍手伸入台内；

4——手腕根据来球旋转调节拍形角度，并将球拍的拍头位置尽量引至后下方；

5——以左腿为轴向来球的方向转腰；

6——转腰用力带动右脚前移，随即将身体重心转移至右腿上，并降低身体重心；

7——以右腿支撑身体重心，继续将转腰的用力带动手臂迎前，在来球的高点期，推住球体的中下部至中部；

8——整个"推挑"的过程，肘关节始终保持稳定的伸直状态；

9——在转腰的基础用力作用于推球的瞬间，持拍手食指向前用力透过球拍"推拨"来球的中下部，同时结合前臂内旋的动作共同用力，运用"推拨"加"旋擦"的调节用力驾驭击球。

## 八、"台内球"进攻技术解析

**李晓霞正手"推挑"台内短球的基础用力与调节用力动作组合（图 8-5）**

图 8-5

正手推挑台内短球的基础用力始于左腿为轴向来球方向的转腰用力动作1与带动右脚前移的动作2，至移动身体重心压向右腿膝关节处的动作3，进而产生了利用转腰及身体重心移动的动能，以此带动手臂击球用力的动作4。

正手推挑台内短球的调节用力分为两阶段，第一阶段是引拍调节球拍的拍形角度与拍头方向，使其保持低于来球位置的的动作5；第二阶段是击球瞬间，持拍手食指向前透过球拍推住来球的中下至中部，用力时要突出一个"推"字，同时结合前臂内旋的动作6共同用力，运用"推拨"加"旋擦"的调节用力驾驭击球。

## 马龙反手"翻挑"台内球连续动作（图8-6）

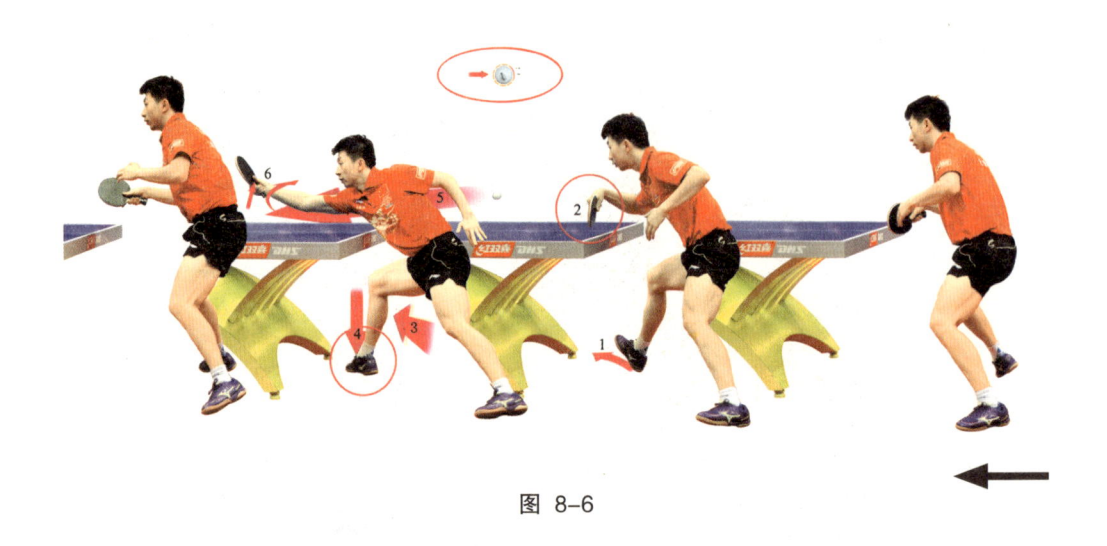

图 8-6

图示中：

1——准备击球时，右腿高抬向来球落点偏右的方向迅速插入球台下方。

2——持拍手的手腕将拍形调整到稍后仰的角度，并使拍头位置低于来球。

3——身体重心迅速向前移至右腿膝关节处。

4——右脚落地时保持脚尖的位置向外，从而保证了对身体的稳定支撑。

5——上体前倾形成击球的基础用力，抢在来球的高点期击球。

6——当基础用力作用于击球的瞬间，持拍手拇指向前用力透过球拍顶住来球的中部，同时结合前臂迅速外旋翻转的动作共同用力，运用"推拨"加"旋擦"的调节用力驾驭击球。

八、"台内球"进攻技术解析

## 马龙反手"翻挑"台内球的基础用力与调节用力动作组合（图8-7）

图 8-7

反手翻挑台内短球的基础用力由三个动作组成：抬高腿向前迈步的动作1和脚尖向外的落地姿态2，目的是为了保证快速向前运动的身体在击球前获得一个稳定的发力支点；随即身体重心迅速向前移至右腿的膝关节处，上体顺势前倾俯向台面的动作3形成了击球的基础用力。

反手翻挑台内短球的调节用力有两个动作组成：一个是引拍时调整拍形角度，使拍面正对着击球部位，并保持拍头处于略低于来球的位置4；另一个动作是在击球瞬间，持拍手的拇指向前用力透过球拍顶住来球的中部，同时结合前臂迅速外旋翻转的动作5共同用力，运用"推拔"加"旋擦"的调节用力驾驭击球，击球动作突出体现一个"翻"字的特点。

67

## 王皓反手背面"拧拉"台内球的连续动作（图8-8）

图 8-8

图示中：

1——准备击球时，身体前倾；

2——左腿支撑身体重心；

3——以左腿为轴向前转腰；

4——转腰带动右脚向前移动；

5——转腰同时带动上臂抬起，使肘部位置前移；

6——手腕内收并弯曲，调整球拍的拍形角度前倾，并将拍头位置充分引向后下方；

7——随即身体重心移至右腿；

8——准备在来球的高点期击球中上部，击球前使球拍的拍头部分低于来球；

9——身体重心下降，并完全移到右腿膝关节处；

10——继续向前转腰带动手臂挥拍击球；

11——当转腰的基础用力作用于击球瞬间，持拍手中指向前上方用力带动球拍顶住来球的中上部，并结合前臂外旋的动作共同用力，运用"顶拨"加"拧擦"的调节用力驾驭击球。

# 八、"台内球"进攻技术解析

**王皓反手背面"拧拉"台内球的基础用力与调节用力动作组合（图8-9）**

图 8-9

反手拧拉台内球的基础用力包括1～4动作，其中1～3的动作是向前的转腰用力动作，4的动作是为前臂发力击球建立的稳定支点。

反手拧拉台内球的调节用力包括5～7动作，其中引拍动作5除调节球拍的拍形角度外，还包括使手腕内收并弯曲，并使球拍的拍头位置充分向后引申的动作5，这是调节用力的储能阶段；从触球前的动作6可以清楚看出，保持球拍的拍头部分处在低于来球的位置，这对摩擦球和制造弧线非常重要；图中7的动作是调节用力的关键，击球瞬间持拍手中指向前上方用力带动球拍顶住来球的中上部，并结合前臂外旋的动作共同用力，运用"顶拨"加"拧擦"的调节用力驾驭击球。

## 张继科反手"拧拉"台内球连续动作（图8-10）

图 8-10

图示中：

1——准备击球时，右脚向来球的方向插入台下；

2——身体重心放在左腿上；

3——以左腿为轴向右前方转腰；

4——转腰带动身体重心移至右腿；

5——随着转腰用力，上臂提起使肘部位置前移；

6——手腕、手指调整球拍的拍形角度前倾，并将拍头位置引向后下方；

7——右腿蹬地使身体重心提升，抢在来球的高点期挥拍击球；

8——腰部通过身体重心的提升动作形成向前的基础用力，并通过肘部带动前臂挥拍击球；

9——当身体的基础用力作用于击球瞬间，持拍手拇指向前上方用力透过球拍顶住来球的中上部，并结合前臂外旋的动作共同用力，运用"顶拨"加"拧擦"的调节用力驾驭击球；

10——击球后，右脚迅速退回，准备下一次击球。

## 张继科反手"拧拉"台内球的基础用力动作组合（图8-11）

图 8-11

反手拧拉台内球动作的基础用力包括1~4动作，其中转腰的动作1带动身体重心移至右腿的动作2，同时带动上臂提起，使肘部位置前移动作3，从而形成了前臂稳定的发力支点，接着右腿蹬地通过提升身体重心的动作4形成腰部向前的基础用力，并通过肘部带动前臂挥拍击球。

## 张继科反手"拧拉"台内球的调节用力动作组合（图8-12）

图 8-12

反手拧拉台内球的调节用力动作包括引拍调节拍形角度与拍头方向的动作1，使球拍的拍头位置引向后下方，这对摩擦球制造弧线十分重要；击球瞬间的动作3是调节用力关键，当身体的基础用力2作用于击球的瞬间，持拍手拇指向前上方用力透过球拍顶住来球的中上部，并结合前臂外旋的动作3共同用力，运用"顶拨"加"旋擦"的调节用力驾驭击球。

## 木子反手生胶"拧拉"台内球连续动作（图8-13）

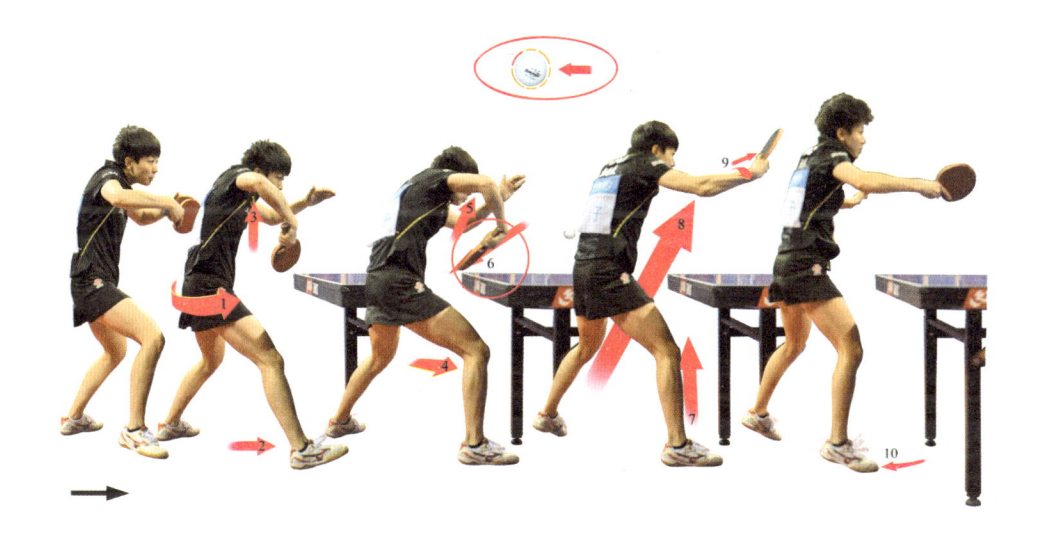

图 8-13

图示中：

1——准备击球时，身体向右前方转腰用力；

2——带动右脚向前插入台下；

3——上臂提起，使球拍的拍面近乎直立，拍头朝向下方；

4——转腰用力同时带动身体重心向前移至右腿；

5——顺势将肘部的位置前移；

6——手腕、手指操控球拍将拍面的角度对准来球的中部，并将拍头位置引向后下方；

7——右腿蹬地提高身体重心，抢在来球的高点期挥拍击球；

8——通过身体重心的提升动作形成腰部向前的基础用力，并通过肘部带动前臂挥拍击球；

9——当身体的基础用力作用于击球瞬间，持拍手拇指向前上方用力透过球拍顶住来球的中上部，并结合前臂外旋的动作共同用力，运用"顶拨"加"旋擦"的调节用力驾驭击球；

10——击球后，右脚顺势退回，准备下一次击球。

**木子反手生胶"拧拉"台内球的基础用力与调节用力动作组合（图 8-14）**

图 8-14

反手生胶拧拉台内球的基础用力包括：身体向右前方转腰的用力的动作1带动身体重心移至右腿，同时带动上臂提起，使肘部位置前移的动作3，从而形成了前臂稳定的发力支点，接着右腿蹬地的动作2，通过提升身体重心的动作形成腰部向前的基础用力，并通过肘部带动手臂挥拍击球。

反手生胶拧拉台内球的调节用力包括：引拍调节球拍的拍形角度与拍头方向的动作4，因为是使用生胶球拍击球，需要保持拍形角度近乎垂直对准来球的中部，并使球拍的拍头位置引向后下方，这对摩擦球制造弧线十分重要；击球瞬间的动作5是调节用力关键。右腿蹬地提升身体重心的动作2形成腰部向前的基础用力，在这一用力作用于击球的瞬间，持拍手拇指向前上方用力透过球拍顶住来球的中部，并结合前臂外旋的动作5共同用力，运用"顶拨"加"旋擦"的调节用力驾驭击球。

# 九、"离台球"进攻技术解析

所谓离台球，是指那些从台面跳时接近球台端线，并且跳起后飞行弧线又长又高的来球。其实"离台球"进攻技术面对的只有一种球——弧圈球，离台进攻技术表面看起来是对拉弧圈球，其实正确的理解应该是反拉弧圈球，是面对攻势弧圈球的反攻技术。

离台进攻技术在战略上是决战阶段，是决定一分球的胜负之争，是要长自己志气、压倒对手的进攻技术，是张扬勇敢者气场的进攻技术。从战术上来看，离台进攻技术主要是正手拉弧圈球的进攻技术，当然随着乒乓球技术水平的提高，越来越多的人也开始大力发展他们反手的离台进攻技术了。总之离台进攻技术是运动员综合能力的比拼，是实力之争，之中讨巧的部分其实很少。

图示中用紫色标识解析离台球进攻技术，这是因为紫色意味着霸气和自傲，意味着成熟和勇气，当然还有点深沉和神秘。这一颜色与许多离台进攻者的心理还是相当吻合的。

### 离台球进攻技术的击球时间选择（图9-1）

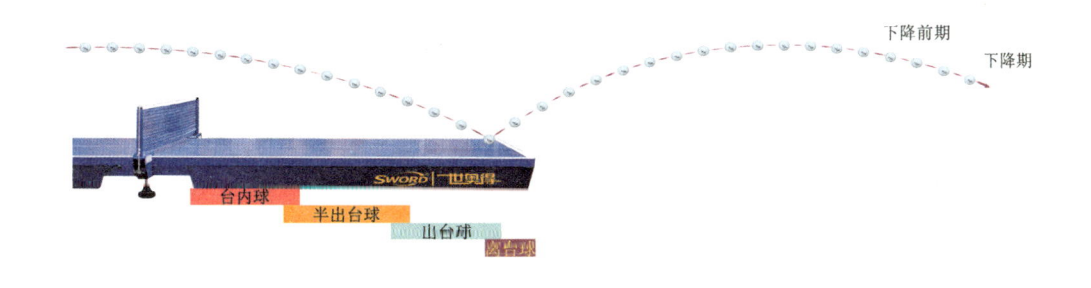

图 9-1

离台球进攻技术的击球只有一段时间——来球的下降期，由于来球弧线长，下降期的阶段也很长，因此可以选择来球的几个不同的下降点反拉弧圈。主动时可以选择来球的下降前期，以求压垮对方；被动时可以放缓击球节奏在来球的下降期击球，把球拉得更转、弧线更长，以求拖住对方，寻求转机。

## 许昕离台侧身反拉弧圈球连续动作（图9-2）

图 9-2

图示中：

1——准备击球时，以支撑身体重心的左腿为轴；

2——向左后方转腰用力；

3——转腰带动右腿向右方大跨步移动；

4——随即身体重心移至右腿；

5——以右腿为轴继续向右后方转腰用力；

6——转腰带动引拍，并将球拍的拍头位置引向后下方；

7——右腿蹬地支撑身体；

8——以右腿为轴向前大幅度转腰迎前用力，带动挥拍在来球的下降期击球；

9——在来球飞至大约胸部正前方时击球，当转腰的基础用力作用于击球瞬间，持拍手的拇指向前用力透过球拍顶住来球的中部，并结合前臂的内旋动作共同用力，运用"顶拨"加"旋擦"的调节用力动作驾驭击球。

九、"离台球"进攻技术解析

许昕离台侧身正手反拉弧圈球的基础用力与调节用力动作组合（图9-3）

图 9-3

离台侧身正手反拉弧圈球的基础用力是大幅度的转腰用力动作2挥拍击球。为了保证转腰用力充分作用于击球，必须使身体重心获得稳定的支撑，从图中可以看到，持拍一侧腿的动作1在转腰用力的整个击球过程中始终保持着稳定的曲膝状态。

离台侧身正手反拉弧圈球的调节用力包括引拍时的拍形调节和击球时的"杠、旋"用力调节两部分动作。从图中引拍的动作3可以看出在手腕、手指的带动下，球拍的拍头位置被引向后下方；击球瞬间的用力动作4尤为重要，在转腰用力作用于击球的瞬间，持拍手的拇指向前用力透过球拍顶住来球的中部，并结合前臂的内旋动作共同用力，运用"顶拨"加"旋擦"的调节用力动作驾驭击球。

## 庄智渊离台正手反拉弧圈球连续动作（图9-4）

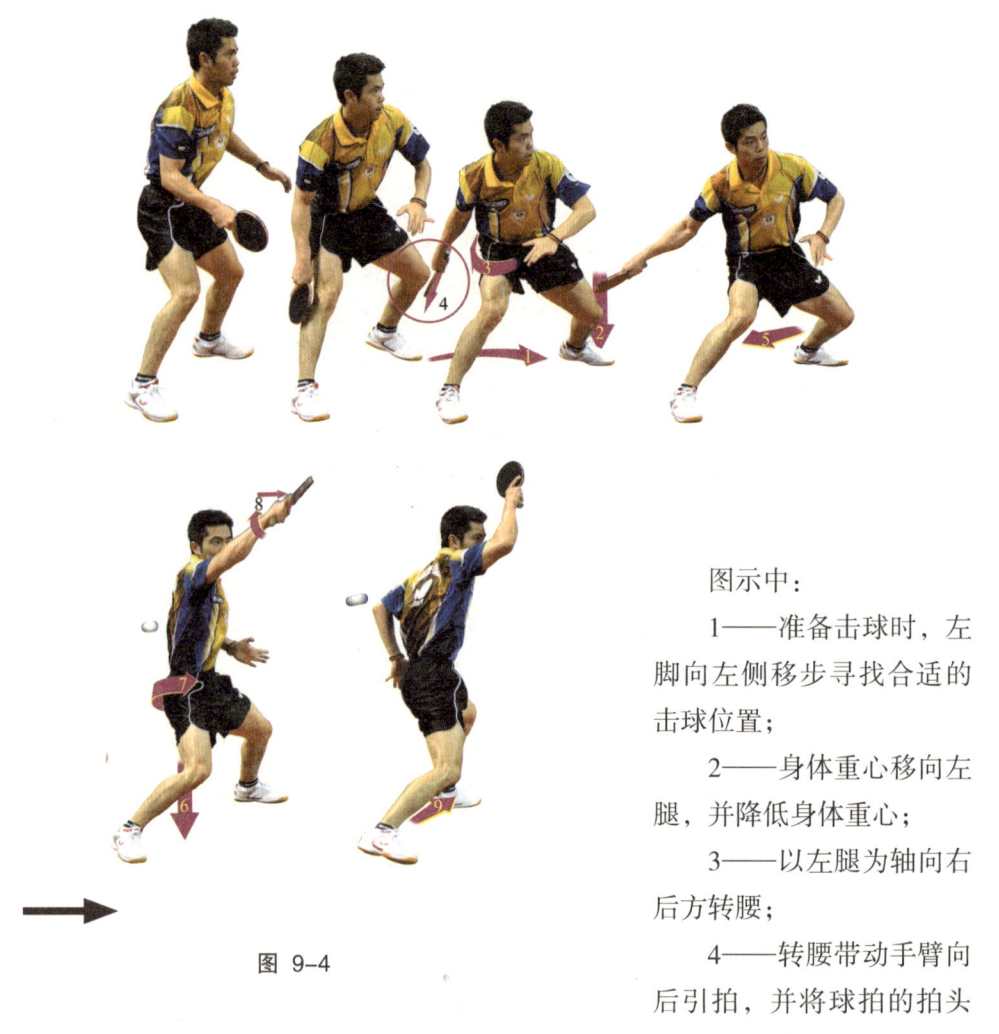

图示中：

1——准备击球时，左脚向左侧移步寻找合适的击球位置；

2——身体重心移向左腿，并降低身体重心；

3——以左腿为轴向右后方转腰；

4——转腰带动手臂向后引拍，并将球拍的拍头位置引向后下方；

5——身体重心迅速移至右腿；

6——右腿保持弹性的弯曲状态并完全支撑身体；

7——以右腿为轴向前做大幅度转腰用力动作，带动手臂挥拍迎前，准备在来球的下降前期击球；

8——当来球飞至大约胸部正前方时击球，在转腰向前的基础用力作用于击球瞬间，持拍手的食指向前用力透过球拍顶住来球的中部，并结合前臂的内旋动作共同用力，运用"顶拨"加"旋擦"的调节用力动作驾驭击球；

9——随着整个转腰用力动作的完成，身体重心移向左腿，准备下一次击球。

## 九、"离台球"进攻技术解析

**庄智渊离台正手反拉弧圈球的基础用力与调节用力动作组合（图9-5）**

图 9-5

离台正手反拉弧圈球的基础用力包括：身体重心移向右腿的动作1，以右腿为轴心支撑身体重心的动作2和转腰用力的动作3，其中右腿在整个击球用力过程中始终保持半屈的弹性支撑动作是转腰用力的稳定基础，大幅度的转腰动作3是击球向前的基础用力。

离台正手反拉弧圈球的调节用力包括引拍过程中的拍形调节动作和击球瞬间的"杠、旋"调节动作两部分。图中引拍动作4将球拍的拍头位置引向后下方，以保证击球瞬间充分的摩擦和制造弧线。图中5的动作是标识击球瞬间的动作，持拍手的食指向前用力透过球拍顶住来球的中部，并结合前臂的内旋动作共同用力，运用"顶拨"加"旋擦"的调节用力动作驾驭击球。

## 马龙正手离台交叉步移动反拉右方大角度弧圈球连续动作（图9-6）

图 9-6

图示中：

1——准备击球时，向右方转腰；

2——转腰带动右脚向右方移动到合适击球位置；

3——迅速将身体重心移至右腿，在压低右腿膝关节的同时向来球的方向继续移动身体重心；

4——转腰带动引拍，并将球拍的拍头位置引向后下方；

5——随即左脚抬起，在身前与右腿交叉向来球前方找位跨出；

6——右腿向右前方蹬地用力跃起；

7——在腾空中强力转腰准备在来球的下降期迎前击球；

8——当来球飞至大约胸部正前方时击球，在转腰向前的基础用力作用于击球瞬间，持拍手的食指向前用力透过球拍顶住来球的中部，并结合前臂的内旋动作共同用力，运用"顶拨"加"旋擦"的调节用力动作驾驭击球；

9——球出手后整个身体随着蹬地转腰动作的惯性腾空后落地，此时左脚先行落地，身体重心转至左腿，右脚随后落地辅助保持身体平衡，准备再次启动步法回击左方来球。

九、"离台球"进攻技术解析

**马龙正手离台交叉步移动反拉右方大角度弧圈球的基础用力与调节用力动作组合（图9-7）**

图 9-7

利用交叉步反拉右方大角度来球的基础用力包括：身体重心移至右腿，并在压低右膝关节的同时，持续向右移动身体重心的动作1，随即左脚抬起，在身前与右腿交叉向来球前方找位跨出的动作2，右腿向右前方蹬地跃起的动作3和强力向前转腰迎击来球的动作4。前面压低膝关节，并持续向右移动身体重心的动作是制造身体向右的动能，而身体在空中强力转腰的动作是将向右方的动能转化为向前击球的动能。

离台正手反拉右方大角度来球的调节用力包括引拍过程中的拍形调节动作5和击球瞬间的"杠、旋"调节动作6。引拍动作将球拍的拍头位置引向后下方，有助于击球瞬间充分地摩擦和制造弧线。图中5的动作是表示击球瞬间的动作，其持拍手的食指向前用力透过球拍顶住来球的中部，并结合前臂的内旋动作共同用力，运用"顶拨"加"旋擦"的调节用力动作驾驭击球是其中的关键。

**奥恰洛夫正手离台交叉步反拉右方大角度弧圈球的连续动作（图 9-8）**

图 9-8

图示中：

1——准备击球时，迅速将身体重心移至右腿；

2——在压低右膝关节的同时向来球的方向继续移动身体重心；

3——以右腿为轴向后转腰引拍，并将球拍的拍头位置引向后下方；

4——随即左脚抬起在身前与右腿交叉向来球前方找位跨出；

5——右腿都向右前方蹬地跃起的同时强力转腰迎前击球；

6——在来球飞至大约胸部正前方时击球；

7——击球瞬间持拍手的食指向前用力透过球拍顶住来球的中部至中上部，并结合前臂的内旋动作共同用力，运用"顶拨"加"旋擦"的调节用力动作驾驭击球；

8——球出手后整个身体随着蹬地转腰动作的惯性腾空后落地，此时左脚先落地，身体重心转至左腿，右脚随后落地辅助保持身体平衡，准备再次起动回击左方来球。

## 九、"离台球"进攻技术解析

**丁宁离台反手进攻连续动作（图9-9）**

图 9-9

图示中：

1——准备进攻时，右脚向击球方向移动；
2——身体重心移到右腿上；
3——以右腿为轴向右转腰带动引拍；
4——球拍的拍形角度前倾，拍头位置引向后方，拇指前移；
5——以右腿为轴向左前方强力转腰用力（基础用力）；
6——转腰用力带动手臂挥拍迎前，准备在来球的下降期击球；
7——同时左腿蹬地配合转腰的带动用力使身体跃起，向击球位置做跳步移动；
8——当来球飞至右胸前的位置，持拍手拇指用力透过球拍顶住来球的中部偏下的位置，并结合向球体的中部偏上方向外旋的动作用力，运用"顶拨"加"旋擦"的调节用力将球击出；
9——球出手后整个身体随着蹬地转腰动作的惯性腾空后落地，此时左脚先落地；
10——随后右脚落地身体重心顺势转至右腿，左脚辅助蹬地保持身体平衡；
11——以右腿为轴的大幅度转腰动作带动球拍继续惯性运动至身体左方；
12——身体重心迅速向左移动，准备下一次击球。

# 十、发球技术解析

掌握包括发球、接发球和发球抢攻在内的"前三板"技术非常重要。然而在"前三板"技术中，发球技术又是必须掌握的第一板。依据规则的规定，乒乓球比赛中的每一分球都要从"发球"开始。因此按照击球顺序来说，发球又是我们在乒乓球技术训练中首先遇到的技术课题。不仅如此，发球还是所有乒乓球技术中唯一自己掌握着完全主动权的技术，可以说发球技术是所有技术中的重中之重，必须练好。

**王皓发勾手侧旋或不转球连续动作（图10-1）**

图 10-1

十、发球技术解析

**王皓发勾手下旋球连续动作（图10-2）**

图 10-2

图示中：

1——发球前，将身体重心置于左腿，准备抛球时将身体重心向后移至右腿。

2——在抛球的同时，以右腿为轴向后转腰引拍。

3——发侧旋球时，将拍形直立，摩擦球体右侧中部偏下的部位，向前下方摩擦用力；发下旋球时，变拍形后仰，摩擦球的底部，向下向前摩擦用力。

4——发球瞬间，将身体重心以右腿为轴迅速向前转腰，带动挥拍用力的同时还起到掩护发球动作的作用。

5——发球用力瞬间，身体重心随着转腰动作的完成迅速移至左腿，并借助身体重心转移的力量增加发球的突然性。球发出后身体以左腿为轴迅速转体面向球台，随即准备移步抢攻。

6——无论是发侧旋球还是下旋球，球发出后的瞬间，王皓都将拍形迅速变成完全后仰状态，以迷惑对手。

7——发短球时，使球的第一落台点在球台的中部。

马龙发侧旋或不转球连续动作（图10-3）

图 10-3

马龙发下旋球连续动作（图10-4）

图 10-4

图示中：

1——发球前，马龙将身体重心置于左腿，准备抛球时将身体重心向后移至右腿；

2——在抛球的同时，以右腿为轴向后转腰，并用转腰动作将引拍动作隐藏在身侧，不让对手清楚看到他发球前的拍形角度；

3——发侧旋或不转球时挥拍到身侧的动作位置较低，发下旋球时挥拍到身侧的动作位置较高；

4——发侧旋（不转）球时向斜下方用力摩擦球体的中部，发下旋球时向下向前用力摩擦球体的中下部至底部；

5——发球瞬间，身体重心迅速前移至左腿；

6——以左腿为轴向前转腰；

7——发球时利用转体的动作不仅可以对发球前和发球后的拍形角度进行"合理的遮挡"，以假动作迷惑对方，而且也可以利用转体的力量提高挥拍速度，增加发球旋转和出手速度。

## 李佳薇反手发侧上旋球连续动作（图10-5）

## 李佳薇反手发侧下旋球连续动作（图10-6）

图示中：

1——发球前，将身体重心移至右腿；

2——在球被抛起的同时，以右腿为轴向左后方转腰引拍至腋下；

3——转腰带动左腿抬起；

4——以右腿为轴，向右转腰带动挥拍……

5——当球落下时，上臂在转腰的带动下向右外展（横拉）带动前臂挥出……

6——继续迅速向右前方转腰，在身前摩擦发球……

7——发侧旋球和下旋球的区别主要表现在触球的不同摩擦部位和不同的用力方向上：发侧旋球时，她的拍形直立，摩擦球的中部，向侧下方用力摩擦；发下旋球时，她的拍形后仰，摩擦球的底部，向下向前用力摩擦。为了迷惑对手，无论是发侧上旋球，还是侧下旋球时，需注意向后引拍时始终保持一样的后仰拍形，只在击球前的瞬间改变拍形角度；

8——随着转腰动作的完程，身体重心转移至左脚，准备移步抢攻。

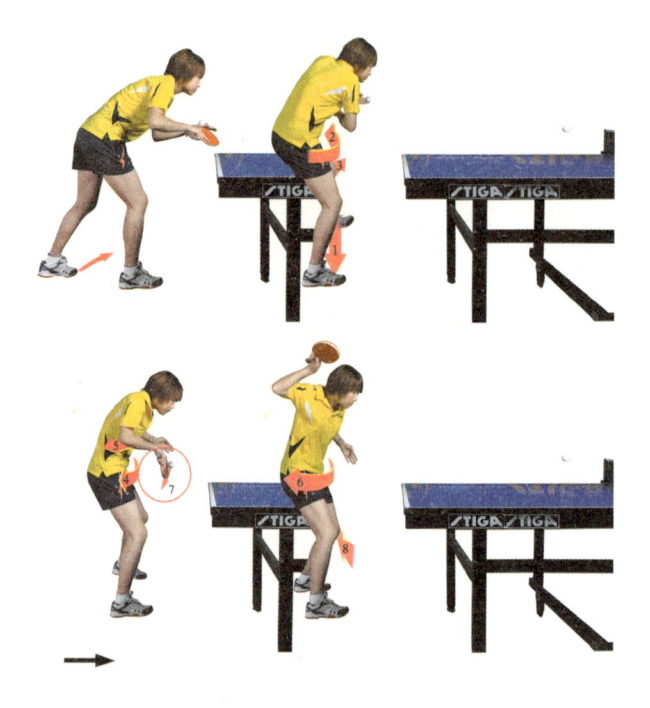

图 10-5

图 10-6

88

## 奥恰洛夫半蹲砍式侧上旋发球连续动作（图10-7）

图 10-7

## 奥恰洛夫半蹲砍式侧下旋发球连续动作（图10-8）

图 10-8

奥恰洛夫的半蹲砍式发球可以发出侧下旋和侧上旋的变化，其主要区别也在于触球部位的不同和发力方向的变化；

发侧上旋球时，拍形直立，待抛出的球下降到肩部附近时，出手摩擦球的右侧中部位置，并向前下方发力摩擦；发侧下旋球时，拍形后仰，待抛出的球下降到肩部附近时，出手摩擦球的中下部至底部位置，并向下方向前发力摩擦。

## 庄智渊发下旋短球连续动作（图10-9）

图 10-9

图示中：

1——发球时球拍向下并向前用力摩擦球的中下部至底部，球拍的拍形角度尽量与发球的用力方向一致，这对提高球的旋转非常重要；

2——待抛起的球下落到比球网略高时将球发出；

3——发球瞬间借助转腰带动身体重心迅速移至左腿的力量提高发球突然性；

4——为了保证发球不出台，发球第一跳的落点应该在球台台面的中部。

## 庄智渊发急长奔球连续动作（图10-10）

图 10-10

图示中：

1——待抛起的球落下大约至球网的高度时将球发出；

2——球拍触球的中部向前下方"弹出"；

3——发球动作必须敏捷、迅速，可以充分利用转腰带动身体重心前移的力量提高球速；

4——发球时球拍的击球点尽量靠近己方球台的端线，并且发球的第一落台点也应该靠近端线。

## 张继科发"逆侧旋"球连续动作（图10-11）

图 10-11

## 波尔发"顺侧旋"球连续动作（图10-12）

图 10-12

逆侧旋和顺侧旋的发球是时下横拍流行的发球，是从反手发球演变过来的创新式发球。因此练习逆、顺侧旋发球可以采用循序渐进的方法并借鉴反手发球的动作进行。

第一步，先模仿张继科或波尔的握拍法，正面对着球台，参照反手发侧旋球的动作，用球拍的正面摩擦球；

第二步，当逐渐找到上述摩擦球的用力感觉时，将身体逐渐侧过来面对球台，继续练习发球；

第三步，当已经掌握了侧身面对球台发球的用力后，再将挥拍用力中的真假动作加入到发球动作中去，这样你就可以说是学会了侧身发逆、顺旋球的技术了。

## 福原爱发高抛下旋球连续动作（图10-13）

图 10-13

1——准备发球时，前臂外旋将球拍置于胸前，拍面朝上；
2——当球被高高抛起后，右脚根据球的回落路线移动找位；
3——当球下落时，身体重心移至右腿；
4——当球回落接近头顶时，前臂内旋并将球拍提起；
5——当球回落至右胸前位置，球拍迅速用力摩擦球中下部至底部将球发出。

图 10-14

## 许昕发侧上旋球连续动作（图10-14）

1——发球抛起后，左腿支撑身体重心，右脚移步找位；
2——持拍手外展，前臂外旋引拍；
3——上臂提起，球拍向前下方摩擦球的中部；
4——在摩擦球的瞬间，手腕带动球拍突然转向，向右侧上方用力摩擦发球；
5——身体重心迅速前移，提高发球的突然性；
6——球发出后，身体重心转移至右腿，准备抢攻。

十、发球技术解析

**马琳发高抛下旋短球连续动作（图10-15）**

图 10-15

马琳高抛球的动作十分轻松，但是旋转很强，这不仅因为他具有出色的手指手腕爆发力，而且还掌握了高超的用力技巧。发高抛球最重要的技巧是，利用被高高抛起的球在下降中产生的带有重力加速度的球与挥拍摩擦击球形成合力，从而发出强烈旋转的球来。

从图中我们可以感觉到马琳几乎是等待从高处下降的球落到自己球拍的瞬间才发力摩擦球的，这种恰到好处的瞬间发力避免了因为用力过猛致使撞击力多而不够旋转的问题，学习这样的精准发力技巧也要遵循循序渐进的方法：

第一步，学习抛球，首先学会向正上方垂直抛起的用力技巧，做到既抛得高又抛得直。

第二步，学习接球，能用球拍将从高处落下的球接住并不难，难度在于不仅能接住落下的球，而且还能利用自己球拍随着下降球势，变化拍形让球在球拍上"软着陆"——接住球而不让它在球拍上跳起。

第三步，初步掌握了上述手感后，就可以学习各种不同旋转变化发球的动作了。

# 后记与鸣谢

　　一日和家人在一起观看央视的天气预报节目，屏幕上的主持人对台风即将经过的地方发出了"橙色预警"。听到他们用颜色来预警天气变化，不由得使我产生联想，为什么我们不能用"颜色"分类不同的乒乓球技术呢？我们可以按照技术的难易程度来分类；也可以按照不同技术运用的范围和自由程度来分类；还可以按照不同的战术目标来分类……设想如果将不同分类颜色的技术组成一个彩色的训练周期该是什么样子？所以就萌生了用颜色标识不同技术的想法。在这本《跟高手学乒乓》的图册里，我尝试着用上了这种方法，希望能给读者带来点新鲜感，当然还期望能带来点灵感吧！

　　能完成这部作品，首先应该感谢朋友给我提出的建议，他的建议督促了我深入研究这些技术，在做图的过程中，使我对许多乒乓球技术有了更深入的理解；同时要感谢《乒乓杂志》和《乒乓世界》为此提供了这么多清晰的照片，使我的后期加工才能拥有更多的成就感；还要感谢我周围的人，包括家人的支持，当我从早到晚沉浸在这项工作之中，实在忽视了他们的感受和要求，甚至扰乱了他人的生活规律而不自知，现在想起来真的感觉很抱歉。当然这本图册如能对更多的人有所帮助，那么上述所有的人都是功臣。

　　这本图册在今天截稿了，我终于完成了从教多年的又一个夙愿，再加上明天就是抗战胜利70周年大阅兵，一切都那么令人欢欣鼓舞，真的很感恩。